新 日本语能力考试

N2全真模拟试题

第4版

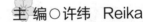 附赠音频及详解

主 编○许纬　Reika

编 著○新世界教育
　　　　樱花国际日语图书事业部

 华东理工大学出版社
EAST CHINA UNIVERSITY OF SCIENCE AND TECHNOLOGY PRESS

·上海·

图书在版编目（ＣＩＰ）数据

新日本语能力考试 N2 全真模拟试题：附赠音频及详
解／许纬，Reika 主编；新世界教育，樱花国际日语图
书事业部编著. — 4 版. — 上海：华东理工大学出版社，
2024.6

　　ISBN 978 - 7 - 5628 - 7315 - 0

　　Ⅰ.①新… Ⅱ.①许… ②R… ③新… ④樱… Ⅲ.①
日语－水平考试－习题集 Ⅳ.①H369.6

　　中国国家版本馆 CIP 数据核字(2024)第 084613 号

项目统筹 / 周璐蓉
责任编辑 / 朴美玲
责任校对 / 金美玉
装帧设计 / 徐　蓉
出版发行 / 华东理工大学出版社有限公司
　　　　　　地址：上海市梅陇路 130 号,200237
　　　　　　电话：021 - 64250306
　　　　　　网址：www.ecustpress.cn
　　　　　　邮箱：zongbianban@ecustpress.cn
印　　刷 / 上海展强印刷有限公司
开　　本 / 787mm×1092mm　1/16
印　　张 / 14.75
字　　数 / 678 千字
版　　次 / 2011 年 4 月第 1 版
　　　　　　2024 年 6 月第 4 版
印　　次 / 2024 年 6 月第 1 次
定　　价 / 52.00 元

编委会名单

主 编　许　纬　Reika

编 著　新世界教育

　　　　樱花国际日语图书事业部

编 委　刘学敏　钟　雁

前　言

由樱花国际日语图书事业部编写的《新日本语能力考试 N2 全真模拟试题(解析版)》自 2011 年 4 月推出以来,广受好评,成为很多考生的必备用书。新日本语能力考试自 2010 年 7 月至今已实施了十四年,为了使本书的内容更加充实、完善,更好地体现考试的倾向,我们推出了本书的第 4 版。第 4 版的推出,将有助于考生更好地把握考试动态,进行实战模拟练习。

【本书内容与特点】

- **8 套模拟试题**

  ①完全遵循新日本语能力考试的题型结构出题。

  ②出题角度及难易程度贴近真题。

  ③阅读文章选自日本原版教材、小说、散文、媒体评论等。

  ④听力内容涉及演讲、朋友间的对话等,考生通过反复练习可增强语感。

- **解析透彻,指导解题对策**

  ①掌握做题方法,巩固所学知识点。

  ②补充相关词汇、短语,提高词汇量。

  ③阅读文章附中文概要,概括文章大意,帮助考生理解文章内容。

  ④附听力原文,帮助考生理解疑难点。

新日本语能力考试的题型比较丰富多样,阅读和听力的比重较大,对知识点的考查也比较灵活,注重考查灵活运用语言知识的能力。

想要顺利通过考试,除了全面、扎实地掌握文字词汇及语法的基础知识以外,还需要通过贴近真题的全真模拟试题进行强化训练。通过全真模拟试题,考生可以对自己所学的知识进行查漏补缺,从而开展有针对性的复习。同时,在规定的时间内完成 1 套完整的模拟

试题,可以帮助考生在实际考试时合理分配时间。在实际的考试中,阅读和听力是最容易失分的环节,只有通过实战模拟,考生才能适应考试的难度和节奏,发挥出自己的真实水平。

希望通过对本书的学习,考生可以把握考试全貌,充满信心地去应对考试。

2024 年 3 月

新世界教育

樱花国际日语图书事业部

新日本语能力考试 N2 考试题目的构成

考试科目 (考试时间)	试题结构			
			大题	考查内容
语言 知识 · 阅读 (105 分钟)	文字·词汇	1	汉字读法	是否能够读出用汉字书写的词语
		2	汉字书写	是否能够用汉字书写平假名所示词语
		3	词语构成	是否掌握派生词及复合词的知识
		4	前后关系	是否能够根据前后关系判断出规定意义的词语是什么
		5	近义替换	是否掌握与试题词语含义相近的词语及表现方法
		6	用法	是否了解该词在句中的用法
	语法	7	句子语法 1 (语法形式判断)	是否能够判断语法形式合乎句子内容与否
		8	句子语法 2 (句子的组织)	是否能够准确而通顺地组织句子
		9	文章语法	是否能够判断句子符合上下文关系与否
	阅读	10	内容理解(短篇)	阅读包括生活、工作等各种话题在内的说明文、指示文等 200 字左右的文章后,是否能够理解其内容
		11	内容理解(中篇)	阅读内容较为简单的评论、解说、随笔等 500 字左右的文章后,是否能够理解其因果关系及理由、概要及作者的思路
		12	综合理解	阅读内容较为简单的多个文章(合计 600 字左右)之后,是否能够通过比较和综合来进行理解
		13	论点理解(长篇)	阅读逻辑性较为清晰的评论等 900 字左右的文章后,是否能够从整体上掌握其主张及意见
		14	信息检索	是否能够从广告、宣传册、信息期刊、商务文件等信息素材(700 字左右)中获取必要信息
听 力 (50 分钟)		1	问题理解	听到内容连贯的文章后,是否能够理解其内容(是否能够听取解决具体问题所需要的信息,并理解下一步应该怎么做)
		2	重点理解	听到内容连贯的文章后,是否能够理解其内容(是否能够根据事先提示的应注意听取的事项,来听取重点)
		3	概要理解	听到内容连贯的文章后,是否能够理解其内容(是否能够通过整体文章来理解说话者的意图及主张)
		4	即时应答	是否能够在听到较短的语言表述后选出适当的应答
		5	综合理解	听过较长的文章后,是否能够通过多项信息的比较和综合来理解其内容

新日本语能力考试 N2 的合格标准

级 别	考试科目	时 间	得分项目	得分范围
N2	语言知识（文字・词汇・语法）、阅读	105 分钟	语言知识（文字・词汇・语法）	0～60 分
			阅读	0～60 分
	听力	50 分钟	听力	0～60 分
	总计	155 分钟	总分	0～180 分

级 别	总 分		语言知识（文字・词汇・语法）		阅 读		听 力	
	得分范围	合格线	得分范围	及格线	得分范围	及格线	得分范围	及格线
N2	0～180 分	90 分	0～60 分	19 分	0～60 分	19 分	0～60 分	19 分

目　次

附赠：听力原文及全部试题的解析（获取方式请见封面）

模擬テスト

第１回

言語知識（文字・語彙・文法）・読解

（105分）

言語知識（文字・語彙）

問題1 _____の言葉の読み方として最もよいものを、1・2・3・4から一つ選びなさい。

1 街灯の光に照らされた桜の花が風に揺らいでいる。
　　1 つらされた　　2 ならされた　　3 てらされた　　4 へらされた

2 陰で他人の悪口を言うべきではない。
　　1 あくくち　　2 わるこう　　3 あっこう　　4 わるくち

3 隣の犬がしょっちゅう吠えて、うるさくてたまらない。
　　1 ほえて　　2 ささえて　　3 きえて　　4 かかえて

4 木村さんは自宅で生花の教室を開いている。
　　1 せいか　　2 いけばな　　3 いきはな　　4 しょうか

5 住宅街の垣根にはツツジの花が咲き乱れている。
　　1 おんこん　　2 かきね　　3 おんもと　　4 かきもと

問題2 _____の言葉を漢字で書くとき、最もよいものを1・2・3・4から一つ選びなさい。

6 ご依頼の件についてはしょうちしております。
　　1 承致　　2 召致　　3 承知　　4 召知

7 先週買ったばかりのパソコンがこしょうして修理に出した。
　　1 故障　　2 古障　　3 故彰　　4 古彰

8 月1回大掃除をして、不要なものをすてる。
　　1 払てる　　2 投てる　　3 捨てる　　4 抛てる

9 加湿器を使って部屋の湿度をかげんする。
　　1 可限　　2 加限　　3 可減　　4 加減

10 108回の鐘のひびきで、古い年を送り新年を迎える。
　　1 震き　　2 敲き　　3 振き　　4 響き

問題3　(　　　　　)に入れるのに最もよいものを、1・2・3・4から一つ選びなさい。

11　このイベントは(　　　　)外国との交流を促進することを目的としている。

　　1　各　　　　　　2　諸　　　　　　3　他　　　　　　4　多

12　夏休みの海辺は家族(　　　　)でにぎわっていた。

　　1　連れ　　　　　2　付き　　　　　3　伴い　　　　　4　添え

13　日本の若者は政治に(　　　　)関心だと言われている。

　　1　未　　　　　　2　非　　　　　　3　無　　　　　　4　不

14　首相は記者会見を行い、記者(　　　　)の質問に答えた。

　　1　団　　　　　　2　陣　　　　　　3　流　　　　　　4　部

15　山田選手は(　　　　)シーズンの活躍が注目されている。

　　1　現　　　　　　2　本　　　　　　3　今　　　　　　4　元

問題4　(　　　　　)に入れるのに最もよいものを、1・2・3・4から一つ選びなさい。

16　道路交通法に(　　　　)すると、行政処分などが下される。

　　1　反対　　　　　2　違反　　　　　3　対応　　　　　4　相違

17　よく(　　　　)、メモをしながら話を聞くと好感を持たれる。

　　1　うなずいて　　2　うながして　　3　おいついて　　4　つながって

18　大切なものを守る(　　　　)ができたとき、人は強くなれるものだ。

　　1　感情　　　　　2　覚悟　　　　　3　準備　　　　　4　思想

19　外国では泣いている赤ちゃんをしばらく(　　　　)おくのが一般的だそうだ。

　　1　なげて　　　　2　ねさせて　　　3　ほうって　　　4　いだいて

20　仕事に優先順位をつけて(　　　　)にやっていくことが大事だ。

　　1　順調　　　　　2　順番　　　　　3　順序　　　　　4　秩序

21　外国語を習得するためには、まずたくさんの単語を(　　　　)する必要がある。

　　1　マスター　　　2　マスク　　　　3　マフラー　　　4　マウス

22　人間はしょせん欲の(　　　　)で、自己中心的なものである。

　　1　あつまり　　　2　かみなり　　　3　かたまり　　　4　つながり

問題5 _____の言葉に意味が最も近いものを、1・2・3・4から一つ選びなさい。

23 時間がないので、細かいところはりゃくして説明します。

   1　あつめて　　　　2　そろえて　　　　3　なかせて　　　　4　はぶいて

24 誤解しないで、香織さんとは単なる友達なんだから。

   1　唯一の　　　　　2　ただの　　　　　3　大切な　　　　　4　珍しい

25 電車の中で、夫婦げんかしないでください。みっともないから。

   1　なまいきだ　　2　あわれだ　　　3　かなしい　　　4　はずかしい

26 人が前に立つと、ドアがひとりでに開く。

   1　自然に　　　　　2　突然　　　　　　3　偶然　　　　　　4　必然に

27 学費はカードで支払ってください。

   1　手数料　　　　　2　送料　　　　　　3　送金　　　　　　4　授業料

問題6 次の言葉の使い方として最もよいものを、1・2・3・4から一つ選びなさい。

28 多少

   1　現金で支払えば、多少お安くいたします。

   2　バーゲンセールで、人々は多少売り場に押しかけた。

   3　何をするにも、多少必要なのはお金だろう。

   4　2週間前より、英語が多少上手になったのでびっくりした。

29 伝言

   1　あの人はまだ生きているという伝言が流れている。

   2　あの連中はいつも人の伝言を言っている。

   3　ご家族によろしくと伝言を頼まれた。

   4　彼は食事の伝言をしょっちゅう言っている。

30 干す

   1　ゲームに夢中になって、料理が干してしまった。

   2　雨が降っていたので、洗濯物を部屋の中に干した。

   3　ご飯が冷めてきたので、電子レンジで干した。

   4　雨が降っていなかったため、川が干してしまった。

31 やっと

1 毎日練習して、やっとできるようになった。

2 ずっと楽しみにしていた旅行はやっと明日出発だ。

3 かわいがっていた犬が病気でやっと死んでしまった。

4 けんかしたあげく、やっと別れてしまった。

32 いちいち

1 難しいところをいちいち説明してもらう。

2 受験生いちいちが質問を受ける。

3 みんなの意見がいちいちでまとまらない。

4 子どもたちはいちいち部屋を持っている。

言語知識（文法）

問題7　次の文の（　　　　）に入れるのに最もよいものを、1・2・3・4から一つ選びなさい。

33 未成年者の飲酒は、法律（　　　　）、禁じられている。

1　にとって　　　　2　によって　　　　3　につけて　　　　4　にむけて

34 たとえみんなに（　　　　）、この計画を実行したいと思う。

1　反対しては　　2　反対されては　　3　反対しても　　4　反対されても

35 ゆうべ、彼はひどく酔っていて、立っていること（　　　　）できないほどだった。

1　こそ　　　　　2　すら　　　　　3　だから　　　　4　だけ

36 A「山田さん、会社を辞めたって、本当ですか。残業が多かったからですか。」

　　B「はい。たまに1時間か2時間ぐらい（　　　　）、会社に泊まってまで残業するのはちょっと…。」

1　ならともかく　2　をのぞいて　　3　というより　　4　に限って

37 この曲を聞く（　　　　）、ふるさとのことを思い出す。

1　うちに　　　　2　あいだに　　　3　たびに　　　　4　ところに

38 映画の上映（　　　　）、試写会が行われた。

1　にこたえて　　2　にしたがって　3　にわたって　　4　にさきだって

39 留学生活には慣れているが、たまにふるさとの両親に（　　　　）時もある。

1　会いたくてしょうがない　　　　　2　会ってはいられない

3　会いたいかもしれない　　　　　　4　会ってはいけない

40 上司にほめられて、うれしくない（　　　　）でしょう。

1　わけではない　　　　　　　　　　2　わけにはいかない

3　わけにもいかない　　　　　　　　4　わけがない

41 それまでできなかったことができる（　　　　）なるには、時間と努力が必要だ。

1　ために　　　　2　ように　　　　3　くせに　　　　4　ばかりに

42 この仕事は誰（　　　　）、慣れるまでは大変なんだから、あきらめずに頑張りなさい。

1　だって　　　　2　さえ　　　　　3　よりも　　　　4　きり

— 6 —

43　経済大国になったからといって、すべての国民が豊かになった（　　　　　）。

1　はずではない　　　　　　　　　2　ことではない

3　ものではない　　　　　　　　　4　わけではない

44　（会社で）

先輩「渡辺部長は出張中なので、明日の会議には（　　　　　）、念のためにその資料
　　をメールで送ってください。」

後輩「はい、わかりました。」

1　ご欠席になりますから　　　　　2　ご欠席できますが

3　ご欠席いただきますから　　　　4　ご欠席ですが

問題8　次の文の＿＿★＿＿に入る最もよいものを、1・2・3・4から一つ選びなさい。

（問題例）

あそこで＿＿＿＿＿　＿＿＿＿＿　＿＿★＿＿　＿＿＿＿＿は山田さんです。

　　1　テレビ　　　　2　見ている　　　3　を　　　　　4　人

（解答のしかた）

1. 正しい文はこうです。

> あそこで＿＿＿＿＿　＿＿＿＿＿　＿＿★＿＿　＿＿＿＿＿は山田さんです。
>
> 　　　1テレビ　　3を　　　　2見ている　　4人

2. ＿＿★＿＿に入る番号を解答用紙にマークします。

　　　（解答用紙）　（例）　①　●　③　④

45　かりに電車やバスに＿＿＿＿＿　＿＿＿＿＿　＿＿★＿＿　＿＿＿＿＿　時間がかかる
だろう。

1　としたら　　　　　　　　　　　2　乗らずに

3　かなり　　　　　　　　　　　　4　旅行しよう

46　彼の話が＿＿＿＿＿　＿＿＿＿＿　＿＿★＿＿　＿＿＿＿＿　笑ってしまった。

1　おもしろくて　　　　　　　　　2　出るほど

3　涙が　　　　　　　　　　　　　4　あまりにも

— 7 —

47 昨日の農場実習では、子どもたちが ＿＿＿＿ ＿＿＿＿ ★ 使って、給食を作った。

1 収穫させて　　2 野菜を　　　3 きた　　　　4 もらって

48 朝からみんな忙しくて、この仕事は誰にも ＿＿＿＿ ★ ＿＿＿＿。

1 ほかはない　　2 より　　　3 頼めないから　4 自分でやる

49 最近、銀行カードが偽造され、＿＿＿＿ ★ ＿＿＿＿ ＿＿＿＿ 被害が増えている。

1 引き出される　　　　　　　　2 知らないうちに

3 本人も　　　　　　　　　　　4 お金が

問題9 次の文章を読んで、文章全体の内容を考えて、**50** から **54** の中に入る最もよいものを、1・2・3・4から一つ選びなさい。

以下は、留学生の作文である。

日本の贈り物文化

ジェームス・ペーテル

　最近気づいたことがあります。それは日本人が贈り物にとてもこだわっているということです。

　50 贈り物の名前からして、贈る季節や機会ごとに違っています。年末の贈り物は「お歳暮」で、お正月の贈り物は、子どもに与えるのは「お年玉」、大人に贈るものは「お年賀」です。そして、夏の初めに贈るのが「お中元」です。しかし、これらは欧米ではみな「プレゼント」と呼ぶでしょう。

　なぜ日本語にはこのように贈り物に関する言葉が **51** 。日本人は、人との付き合いで物を送ったりもらったりすることを重んじているようです。物を与える動詞でも、自分のところから他人へ行くのは「あげる」「やる」と言い、他人から自分のほうに来るのは **52** と言って区別します。英語の「give」には **53** 区別はありません。

　ただし、A君とBさんとがやりとりをしているのは、「A君がBさんにお菓子をあげた」「BさんはA君に果物をあげた」と言って区別しません。「A君は私に果物をくれた」と言って自分のところに物が来たときにだけ、言い方を変えるのです。これは日本人は他人からもらったのをありがたいことだと **54** からだと思われます。

　日本の贈り物の習慣はもはや文化になったようです。日本にいる間、その贈り物文化をたくさん体験したいと思います。

50

1　つまり　　　　　2　しかし　　　　3　まず　　　　　4　したがって

51

1　一つもないのではありませんか

2　一つもないのでしょうか

3　たくさんあるのではありませんか

4　たくさんあるのでしょう

52

1　「くれる」「くださる」　　　　　　2　「もらう」「くださる」

3　「もらう」「さしあげる」　　　　　4　「くれる」「いただく」

53

1　そんな　　　　　2　こんな　　　　3　どうして　　　4　何も

54

1　後悔している　　　　　　　　　　2　感謝している

3　怒っている　　　　　　　　　　　4　不安になっている

読　解

問題10　次の（1）から（5）の文章を読んで、後の問いに対する答えとして最もよいものを、1・2・3・4から一つ選びなさい。

（1）

　現在は過去によって支えられている。そして現在の生き方が未来を決定する。現在は過去の結果だが、未来は現在の結果となるのだ。ここからどう生きればよいかがわかる。いまという時間に全力投球するのがベストなのである。現在の自分がどう考え、どう生きるかが未来の自分の姿なのである。ところが、過去の結果である現在の自分にとらわれて、後悔したり、あるいは弱気になったり、そんな人が多すぎる気がする。

[55]　筆者が一番言いたいことはどれか。

　　1　人はいまという時間をベストを尽くして最高に生きるべきだ。
　　2　過去にこだわる人が多すぎて残念だ。
　　3　日々変化する今、未来の自分を想像するのは難しい。
　　4　これからどう生きるべきかを考えるのは今しかない。

（2）

　以下は、ある会社で回覧された文書である。

5月25日

各課　担当者各位

総務課

お中元のお礼状について

　取引先にお送りするお中元のお礼状につきまして、総務課から一括発送する相手先のリストを作成しました。添付の資料を各課でご確認のうえ、修正が必要な場合は、来週の水曜日（5月31日）までに総務課にご連絡をお願いします。
　また、そのほかに各課から直接送付したい相手先があれば、各課で発送をお願いします。必要分の挨拶状を配りますので、6月7日（水曜日）までにその数をお知らせください。6月下旬に各課に配る予定です。

以上

---

56 各課の担当者がしなければならないこととして合っているのはどれか。

1 総務課から送付してほしい相手先のリストを作成し、5月31日までに総務課に出す。

2 総務課から送付する相手先のリストを確認し、修正があれば5月31日までに総務課に知らせる。

3 各課から直接送付する相手先のリストを作成し、6月7日までに総務課に出す。

4 各課から直接送付する相手先のリストを確認し、修正があれば6月7日までに総務課に知らせる。

（3）

　実は母親自身も、「きょうはちょっと脈が早い」とか、「頭が痛い」とか、「肩がこった」とか、「最近ちょっと腰痛だけど、背骨がずれているのではないか」とか、しょっちゅう自分の健康を気にしている。そして、お母さんの楽しみは、近くによいカイロプラクティック(注)の先生を見つけて通うことであったり、あるいは、どこかの健康教室の話を聞くことである。新聞でも健康欄は欠かさず見ている。

(注)カイロプラクティック：脊椎の歪みを整えること

57 文章の内容と合っているものはどれか。

1 母親は頭痛や腰痛がきっかけで、健康教室に通うようになった。

2 母親は背骨がずれていると言って、よくカイロプラクティックのお医者さんに診てもらったりする。

3 新聞の健康欄に目を通すのが母親の楽しみである。

4 母親は健康を気にしていて、よくお医者さんに診てもらったり、新聞の健康欄などをチェックしたりしている。

（4）

　以下は、ある会社に届いた手紙である。

202X 年6月13日

ドックライフ株式会社

営業部長　橋本幸助　様

株式会社　富士産業

事業部長　中山拓也

拝啓

　時下ますますご健勝のこととお慶び申し上げます。こちらは関東地区に計10店舗を直営しております「サンホームセンター」の株式会社富士産業と申します。

　　さて、弊社では、犬猫用ペットフードを新たに販売品目として加えることを現在検討中です。つきましては、貴社製品「ドッグライス」「キャットライス」のカタログならびに関連資料をお送りいただきたくご依頼申し上げます。

　　当店の顧客の皆様からは、ペットフードについてのお問い合わせも多数いただいており、今後その方面での需要も安定して見込めるものと存じます。誠に厚かましいお願いとは存じますが、できれば見本品も合わせてご送付いただければ幸いです。

　　お忙しいところ勝手ながら、よろしくお願い申し上げます。

　　まずは取り急ぎ資料送付のご依頼まで。

敬具

58　この手紙の主な目的は何か。

1　新発売の商品を相手に知らせること

2　ペットフードの需要について問い合わせること

3　カタログなどを送ってもらうこと

4　問い合わせに来たお客様に見本品を配ってもらうこと

（5）

　　自分の痛みを痛みとして感じ、悲しんだり苦しんだり怒ったりすることは決して悪いことではない。それをどの程度、人に見せるのかはともかく、誰でも心の中ではいろいろな痛みを感じていて当然だ。ところが、人の痛みを痛みとして「認めない」人もいる。C男さんは、誰かが落ち込んでいるのを見ると、「そのくらいのことで、なんだ」とイライラする。自分のほうがもっとたいへんだ。自分のほうがもっとつらい思いを味わっている。自分のほうがもっと疲れている。それなのに…というわけだ。

59　文章の内容と合っているものはどれか。

1　自分の痛みは常に人の痛みより重く、切実に感じられるものだ。

2　自分の心の痛みを人に見せることによって、ストレスが解消できる。

3　自分の痛みを痛みとして感じるのはいいが、同時に人の苦しみも認めるべきだ。

4　落ち込んでいる時こそ、人と痛みを分かち合うことを忘れてはならない。

問題11 次の（1）から（3）の文章を読んで、後の問いに対する答えとして最もよいものを、1・2・3・4から一つ選びなさい。

（1）

　現在の子どもたちにとって、より大切なのは協調性を身につけることではないだろうか。周囲の人間と協力して何かをするという能力は生きていくうえで、とても大事であり、①それは少子化が進む現代社会では、意識的に教えなければ身につかないものだからである。

　昔であれば、家族に兄弟が多かったので、けんかをしたり仲直りをしたりしながら、何か一つのことに協力し合うという経験が、自然にできたし、家の外でも、さまざまな年齢の近所の子どもたちと遊ぶ中で、力を合わせて何かをするという機会に数多く出会ったはずだ。

　しかし、子どもの数が一人以下の家庭が中心になった現在では、②そのような場がほとんどないのである。近所の子どもが家に来ても、テレビゲームをやっているのでは、協調性など身につくはずがないだろう。

　個性の尊重という教育も必要ではあるが、せっかく子どもたちが集まる場があるのだから、学校では、ぜひ子どもに協調性を身につけさせてもらいたいものである。

60 ①「それ」は何を指すか。

1　協調性

2　コミュニケーション能力

3　生きていく能力

4　環境に適応する能力

61 ②「そのような場」とは、どのような場のことか。

1　学校の遊びの場

2　協力して何かをするというような場

3　個性を生かせるような場

4　子どもが集まるような場

62 この文章で筆者が最も言いたいことはどれか。

1　少子化が進む現在、個性を尊重する教育はとても重要だ。

2　協調性を身につけるためには、まず個性を尊重しなければならない。

3　子どもにとって、周囲の人々と協力して何かをするという能力は、とても大事である。

4　子どもに協調性を身に付けさせるのは学校の責任である。

（2）

　十年ほど前に、ある私立大の教養ゼミで、当時盛んだったリゾート開発について話し合った時のことだ。一人の学生が富山から来ていると言うので、私は「富山は海はきれいだし、後ろに北アルプスもあって、とてもいいところじゃないか」と話しかけると、その学生は「でも何も遊ぶものがないんです」と答えた。（中略）

　かつて子どもたちは、学校から帰るとカバンを学校に放り出し、夕方まで近所の空き地で遊んだものだ。このごろ家の中でのパソコンゲームなどが主となり、戸外で遊ぶことが少なくなっているらしい。

　三年前、二十年ぶりに尾瀬ケ原を訪れ、年配の女性が多いのに圧倒された。育児や家事から解放された年配の女性が元気に山を歩く姿を、そのときは好ましく感じた。しかし、やはり、若者の自然離れには憂いを覚えざるを得ないのである。

　自然を楽しむことが少なくなったのは、子ども、若者だけでなく、その親の世代でも同様であろう。世代を越えた自然離れは、（　①　）客が減って閉鎖したスキー場が出ていることにも現れている。

　限りなく続く砂浜、一面の草原、深い森。②そうした場所で、ゆったりとした時間を過ごすことは、思いがけない動植物との出会いもあったりして、貴重な経験になるはずだ。しかし、残念なことに、四季折々、弁当を作って里山などに遊びに出かけていく家族の姿を見かける機会は、間違いなく減っている。

63　（　①　）の中に入れる言葉として正しいのはどれか。

1　やはり　　　　　　　　　　　2　だから

3　たとえば　　　　　　　　　　4　つまり

64　②「そうした場所」とは何か。

1　近所の空き地　　　　　　　　2　客が減って閉鎖したスキー場

3　開発されたリゾート　　　　　4　砂浜、森、草原など自然が美しい場所

65　筆者が一番言いたいことはどれか。

1　リゾートの開発により、きれいな自然が失われていくのが残念だ。

2　もっと自然との触れ合いを大切にしてほしい。

3　リゾートの開発と若者の自然離れは密接な関係にある。

4　時代の変化とともに人々が自然離れするのもやむを得ない。

（3）

　「正社員として採用するのは即戦力か、即戦力になれる人材だけ。この方針は変えない」。ある企業の採用責任者はこう断言する。景気回復で企業は採用を増やしている

が、リストラで社員にかける教育訓練費を減らす傾向にあり、採用段階で若者に求める能力、技術の水準は高くなるばかり。

正社員としての就職に失敗し、パート・アルバイトでは自分のやりたい仕事が見えない。そんな若者のミスマッチ(すれ違い)が深刻化し、新たなニートが生まれかねない。

さらに、いったんニートになってしまうと、なかなか抜け出せない。労働経済白書によると、02〜04年のニート数は変わらないのに、25〜34歳までに限ると35万人から37万人へと一万人ずつ「高年齢化」している。

独立行政法人「労働政策研究・研修機構」の調査では、ニートの4分の3は親と同居している。親の定年や死去などで経済的な後ろ盾を失えば生活は行き詰まり、生活保護などの公的支出が増える可能性がある。収入がなくて社会保険料を納められなければ、高齢世帯を支える年金や介護など<u>社会保障の仕組みも、土台が崩れる</u>。

第一生命経済研究所の試算では、若者の能力向上や不登校生徒を減らす有効な対策がとられないと、10年後にはニートが109万人に膨らむとされている。

66 文章によると、正社員になれる条件の中、最も重視されるものはどれか。
1 コミュニケーション能力　　2 技術
3 情報分析力　　4 即戦力

67 「社会保障の仕組みも、土台が崩れる」とあるが、「土台が崩れる」原因はどれか。
1 ほとんどのニートは親と同居していて、親の年金だけで生活を維持するのが困難になること
2 ニートの増加に伴って、働く労働者が減り、納める社会保険料が少なくなること
3 ニートの数が急激に増えて、政府の年金の負担が重くなること
4 政府がニートたちに生活保護金を支出しなければならなくなること

68 文章の内容と合っているのはどれか。
1 2002年—2004年のニート数に変化はないが、低年齢のニート数は増加している。
2 アルバイトをするより、ニートのほうがいいと考えている若者が多い。
3 企業が就職者に求める能力が高くなることにより、ニートが増える恐れがある。
4 不景気に伴って、高齢者ニートの数が近頃増えつつある。

問題12　次のＡとＢの文章を読んで、後の問いに対する答えとして最もよいものを、
　　　　1・2・3・4から一つ選びなさい。

Ａ

拝啓

　暑い毎日が続きますが、お変わりなくお過ごしのことと存じます。

　先日は、駒沢大学の山下 武 先生をご紹介くださいまして、誠にありがとうございました。早速お電話をして、先週の金曜日、先生の研究室へうかがいました。いろいろな本をご紹介いただいた上に、大変貴重なお話をうかがうことができました。先生のご厚意で、九月の新学期から文化人類学のゼミに参加させていただくことになり、とても楽しみにしています。おかげさまで私の研究もずいぶん進むのではないかと思います。本当にありがとうございます。またゼミの報告などをお便りしたいと思います。

　どうぞくれぐれもお体をお大切になさってください。

敬具

Ｂ

拝啓

　毎日秋晴れの気持ちのいい日が続いておりますが、先生にはお元気にお過ごしのことと存じます。私もおかげさまで何とか研究を続けていますので、ご安心ください。

　実は先生にお願いがあるのですが、推薦状を書いていただけないでしょうか。私は来年九月からミシンガ大学の大学院へ入りたいと思い、今、書類をそろえております。そこで私の日本語について、一番よくご存じの先生にお書きいただきたく、書類を同封いたしました。何かとご多忙のところ、誠に申し訳ありませんが、ご記入の上、今月末までに、あちらに届くようにお送りくださいませんでしょうか。なにとぞよろしくお願い申し上げます。

　そのうち一度、研究室のほうへお伺いいたします。末筆ですが、くれぐれもお体をお大切になさってください。まずはお願いまで申し上げます。

敬具

69　二通の手紙の目的として、文章の内容と合っているものはどれか。

　　1　Ａは感謝するためのもので、Ｂは先生の研究室に伺う前に知らせる目的で書い

たものだ。

2　Aは先生の研究室に伺う前に知らせるためのもので、Bは先生に推薦状を依頼するために書いたものだ。

3　Aは先生のゼミに参加するための依頼で、Bは書いた推薦状を大学院に送る依頼だ。

4　Aは感謝するためのもので、Bは先生に推薦状を依頼するために書いたものだ。

70　この二通の手紙を読んだ人がこれからすることとして、正しいのはどれか。

1　Aを読んだ人は何もしなくてもいいが、Bを読んだ人は同封した推薦状に必要事項を記入する。

2　Aを読んだ人は山下武先生に自分の学生を紹介し、Bを読んだ人は同封した推薦状を大学院に送る。

3　Aを読んだ人もBを読んだ人も何もしなくてもいい。

4　Aを読んだ人もBを読んだ人も同封した書類に必要事項を記入する。

問題13　次の文章を読んで、後の問いに対する答えとして最もよいものを、1・2・3・4から一つ選びなさい。

　手を用いて数を表すという習慣は世界中で広く見られる。手で数を表すのには二つの場合があるようだ。一つは自分で数を数える場合、一つは相手に数を示す場合である。どちらの場合にしても、具体的な手や指のしぐさには3種の型が認められる。

　第1は指の開閉、すなわち指を立てる、折るというしぐさによって数を表すやり方である。たとえば、フランス人やイタリア人は数を示す場合、まず右のこぶしを握り、親指、人差し指、中指…の順に立てていき、1、2、3…を表す。6以上は左手の指に移ることが多い。一方、ものの数を数える場合には、親指から順に立てた右手の指を、確かめるように左手で押さえていくことがよくある。アメリカでは逆に、小指から順に押さえていく方法が見られる。日本人は、相手に数を示す場合、握ったこぶしから人差し指、中指、薬指、小指、親指の順に立てていき、1から5までを表す。一方、数を数える場合は、まず片手を開き、それから親指、人差し指、中指…と順に指を折って、数えていく。

　第2は、指の関節に数をあてはめていくやり方である。代表的な例はベンガル人の数え方である。まず、親指の指先で同じ手の小指の一番下の関節から始め、指先まで1、2、3、4と押さえる。次に、薬指の一番下の関節から指先まで5、6、7、8と押さえる。

　それから中指、人さし指へ移る。最後に親指を人さし指で押さえる。こうして、片手

で20までの数を数えることができる。

　第3は、その土地の独特のやり方で、ほかの土地の人間には類推不可能なものである。中国の数の示し方がそのよい例である。たとえば、親指と小指を立てて6を示す。人さし指を曲げて9を示す。10を示すには、人さし指と中指をからめる(注)やり方と、両手の人さし指を交差させるやり方がある。これらは漢字の十の形を表した者と考えられる。また、片手を広げ、裏返すことによって、10を表すこともある。これは中国語では、ものを倍にするという意味と、手のひらを裏返すというしぐさが、どちらも「翻(ファン)」という動詞によって表されるためである。

　このように、手や指による数の表し方には3種の型がある。中でも、指を用いて数を表すという習慣は、十進法の根拠と言われており、世界中で広く見られるものである。

(注)からめる：交差させる

---

71 「第1は指の開閉、すなわち指を立てる、折るというしぐさによって数を表すやり方である」とあるが、文章の内容と合っているものはどれか。

1　フランス人は人に数を示す場合、左手で右手の指を確かめるように、立てた親指から押さえて数える。

2　日本人は物の数を数える場合、握ったこぶしから人差し指、中指、薬指、小指、親指の順に立てていき、1から5までを表す。

3　アメリカ人は物の数を数える場合、左手で右手の立てた小指から順に押さえながら、数えていく。

4　イタリア人は物の数を数える場合、まず右のこぶしを握り、親指、人差し指、中指…の順に立てていき、1、2、3…を表す。

72 ベンガル人はどうやって物の数を数えるのか、正しいものはどれか。

1　左手の人さし指で右手の小指の一番下の関節から数え、1、2、3、4と、そして薬指、中指、人さし指、親指の順に数える。

2　同じ手の親指で小指の一番下の関節から数え、そして薬指、中指、人さし指の順位にいき、また同じ手の人さし指で親指を押さえて数える。

3　右手の人さし指で左手の小指の一番下の関節から数え、1、2、3、4と、そして薬指、中指、人さし指、親指の順に数える。

4　同じ手の親指で小指の一番下の関節から数え、1、2、3、4と、そして薬指、中指、人さし指、親指の順に数える。

73 文章の内容と合っているものはどれか。

1　アメリカ人は中国人と同じように、指を立てる、折るというしぐさによって数字を数える。

2 ベンガル人は指の関節に数字を当てはめていくので、両手で1から20までの数字が数えられる。

3 中国人は指を用いて数字を表す方法に基づいて、10進法を発明したと言われている。

4 中国人は両手の人さし指を交差させて10を表す、また片手を広げ、裏返すことによって10を表すという方法がある。

問題14 次は、ある銭湯のホームページに載っている案内である。下の問いに対する答えとして、最もよいものを1・2・3・4から一つ選びなさい。

74 主婦のゴーさんは5歳の娘と一緒に来週火曜日に「湯の里まどか」に行き、朝6時から8時まで遊ぶつもりである。貸しバスタオルを2枚借りたいと思っている。ゴーさんたちの料金はいくらになるか。

1 1,000円　　　2 1,300円　　　3 2,300円　　　4 2,600円

75 大学生のチャンさんは水曜日の午後から翌朝の5時まで遊ぶつもりである。これからも来ると思って、会員カードを作ってもらって、入浴回数券を買っておく。チャンさんは全部でいくら払わなければならないか。

1 10,500円　　　2 10,600円　　　3 12,500円　　　4 13,100円

— 19 —

湯の里まどか＞料金案内

料金案内

・**入浴料金**

	平日	土日・祝日
大人（中学生以上） 湯着付	1,400円	1,600円
シルバー（65歳以上） 湯着付	1,150円	1,250円
子ども（3〜12歳） 館内着付	600円	700円
幼児（3歳未満）	無料	無料

※シャンプーなどは備え付けがございます。タオルはご持参ください（有料あり）。

・貸しバスタオル：150円　・貸しフェイスタオル：100円

※平日の朝5時〜8時は早朝料金：

・大人700円　・子ども300円

・**深夜料金（深夜2時〜朝5時）**

	日〜木・祝日	金土・祝日前日
大人（中学生以上） 湯着、各種タオル付	＋1,900円	＋2,500円
子ども（3〜12歳） 館内着付	＋1,450円	＋1,650円
幼児（3歳未満）	無料	無料

※深夜2時〜朝5時ご利用の場合は入浴料金に加算されます。

【**入浴回数券について**】

入浴回数券は、10,500円（10回分）で販売しています。ご希望の方は、お買い求めください。

※回数券の購入には会員カードが必要となります。（カード作成料100円）

※回数券は、土・休日もご利用できます。ただし、深夜料金が発生する場合は、別途でお支払いください。

※回数券には有効期限がございます。（購入日より1年間）

模擬テスト

第1回

聴　解

（50分）

問題1

問題1では、まず質問を聞いてください。それから話を聞いて、問題用紙の1から4の中から、最もよいものを一つ選んでください。

1番

1 携帯用の灰皿を買う

2 タバコをやめる

3 タバコを吸う

4 歩きタバコはやめ、決まった場所で吸う

2番

1 入金をかくにんする

2 商品を発送する

3 新製品のサンプルを送る

4 課長にれんらくする

3番

1 会社で昼寝をする

2 近くのリラックスルームへ行く

3 家へ帰って寝る

4 30分仕事をしたらコーヒーを飲む

4番

1 アンケートの質問文を簡潔にする

2 アンケートの回答時間をはかる

3 アンケートの質問の数をへらす

4 アンケートの回答者の数をふやす

5番

1 会議→昼食会→工場→コピー

2 コピー→会議→昼食会→工場

3 会議→英会話のレッスン→昼食会→工場

4 英会話のレッスン→会議→昼食会→工場

問題2

問題2では、まず質問を聞いてください。そのあと、問題用紙のせんたくしを読んでください。読む時間があります。それから話を聞いて、問題用紙の1から4の中から、最もよいものを一つ選んでください。

1番

1 ダイエット
2 運動不足
3 ストレス
4 野菜不足

2番

1 色を間違って商品を発送したこと
2 納品が遅れたこと
3 上司に報告しなかったこと
4 取引先に謝らなかったこと

3番

1 バスケットボールをする
2 ジョギングをする
3 書道を習う
4 家族と旅行に行く

4番

1 夜遅くまで何かいろいろ食べるから
2 朝寝坊するから
3 朝宿題をするから
4 親がご飯を作らないから

5番

1 男の子の飛び出し
2 男の子の信号無視
3 運転手の信号無視
4 運転手の不注意

6番

1 プールや海にいけないから
2 野菜が値上がりするから
3 電気代がかかるから
4 体に悪いから

問題3

問題3では、問題用紙に何もいんさつされていません。この問題は、全体としてどんな内容かを聞く問題です。話の前に質問はありません。まず話を聞いてください。それから、質問とせんたくしを聞いて、1から4の中から、最もよいものを一つ選んでください。

—メモ—

問題4

問題4では、問題用紙に何もいんさつされていません。まず文を聞いてください。それから、それに対する返事を聞いて、1から3の中から、最もよいものを一つ選んでください。

—メモ—

問題5

問題5では、長めの話を聞きます。この問題には練習はありません。
問題用紙にメモをとってもかまいません。

1番、2番

問題用紙に何もいんさつされていません。まず話を聞いてください。それから、質問とせんたくしを聞いて、1から4の中から、最もよいものを一つ選んでください。

—メモ—

3番

　まず話を聞いてください。それから、二つの質問を聞いて、それぞれ問題用紙の1から4の中から、最もよいものを一つ選んでください。

質問1

1　3万円
2　2万円
3　1万円
4　5,000円

質問2

1　3万円
2　2万円
3　1万円
4　5,000円

模擬テスト

第 2 回

言語知識（文字・語彙・文法）・読解

（105分）

言語知識（文字・語彙）

問題1 _____の言葉の読み方として最もよいものを、1・2・3・4から一つ選びなさい。

1 最近、若者の年上を<u>敬う</u>気持ちが薄れているようだ。

1 あつかう 　　　 2 さからう 　　　 3 てつだう 　　　 4 うやまう

2 お忙しいところ、<u>恐縮</u>ですが、ぜひご意見をお願いいたします。

1 きょうしゅく 　 2 きょしゅく 　 3 きゅうしゅく 　 4 きゅうじゅく

3 細い<u>針金</u>を使って鍵を開けてもらった。

1 はりかね 　　　 2 はりがね 　　　 3 しんきん 　　　 4 しんぎん

4 こんな<u>図々しい</u>人とは距離を置いたほうがいいと思う。

1 すずしい 　　　 2 ただしい 　　　 3 そうぞうしい 　 4 ずうずうしい

5 <u>素人</u>とは思えないような作品のできだ。

1 くろうと 　　　 2 そびと 　　　 3 しろうと 　　　 4 そうじん

問題2 _____の言葉を漢字で書くとき、最もよいものを1・2・3・4から一つ選びなさい。

6 我が社は<u>こうせい</u>な採用選考を行っている。

1 更正 　　　　 2 公正 　　　　 3 更生 　　　　 4 公生

7 友達と渋谷駅の<u>かいさつ</u>口で待ち合わせをした。

1 開札 　　　　 2 解札 　　　　 3 改札 　　　　 4 介札

8 部下に対しては、まるで人が変わったように<u>いばって</u>いる上司がいる。

1 威張って 　　 2 威拡って 　　 3 意張って 　　 4 意拡って

9 起業とは決して<u>あんい</u>なものではない。

1 案逸 　　　　 2 安逸 　　　　 3 案易 　　　　 4 安易

10 ダイヤモンドの婚約<u>ゆびわ</u>をもらった。

1 手輪 　　　　 2 指輪 　　　　 3 手圏 　　　　 4 指圏

問題3　（　　　　）に入れるのに最もよいものを、1・2・3・4から一つ選びなさい。

11 友だちにコーヒーに関する（　　　　）知識を教えてもらった。

　　1　少　　　　　　2　豆　　　　　　3　微　　　　　　4　粉

12 今の会社に将来（　　　　）を感じないので、転職を決意した。

　　1　風　　　　　　2　性　　　　　　3　化　　　　　　4　先

13 年齢（　　　　）の貯金額についてアンケート調査を行った。

　　1　順　　　　　　2　頃　　　　　　3　別　　　　　　4　差

14 緊急配達の場合は、バイク（　　　　）を利用したほうがいい。

　　1　便　　　　　　2　送　　　　　　3　件　　　　　　4　郵

15 ニュータウンの開発にともない、周辺の交通（　　　　）の整備も強化された。

　　1　路　　　　　　2　線　　　　　　3　網　　　　　　4　道

問題4　（　　　　）に入れるのに最もよいものを、1・2・3・4から一つ選びなさい。

16 うちの母はよくテレビを見ながら、ぶつぶつ（　　　　）を言う。

　　1　評判　　　　　2　文句　　　　　3　相談　　　　　4　議論

17 彼のエリートぶっている態度に、手を（　　　　）。

　　1　うっている　　2　かしている　　3　ぬいている　　4　やいている

18 業界、企業によって、給料の（　　　　）も異なる。

　　1　基準　　　　　2　標準　　　　　3　定価　　　　　4　平均

19 西洋占星術で今年の運勢を（　　　　）みた。

　　1　うらやんで　　2　うらぎって　　3　うらなって　　4　うらがえして

20 心配事が解消されて、胸が（　　　　）した。

　　1　さっと　　　　2　すっと　　　　3　すらっと　　　4　ちらっと

21 キウイはビタミンCを（　　　　）に含む果物だ。

　　1　豊富　　　　　2　手軽　　　　　3　濃厚　　　　　4　充実

22 過ぎたことでくよくよしないで、前向きな思考（　　　　）に変えよう。

　　1　パイプ　　　　2　プラン　　　　3　パターン　　　4　バター

問題5 _____の言葉に意味が最も近いものを、1・2・3・4から一つ選びなさい。

23 強い勢力を保った台風15号が関東地域に接近している。

    1 ひろがって   2 たかまって   3 せまって   4 せめて

24 そんな機会はきわめてまれだった。

    1 めずらしかった   2 おかしかった

    3 おおかった   4 あやしかった

25 あの人は美人で、しかもかしこい。

    1 頭がいい   2 まぶしい   3 まずしい   4 するどい

26 秋も深まり、朝夕めっきり寒くなった。

    1 全然   2 格段と   3 あまり   4 多少

27 公演のスケジュールはもう決まった。

    1 予約   2 日程   3 計算   4 企画

問題6 次の言葉の使い方として最もよいものを、1・2・3・4から一つ選びなさい。

28 気配

    1 今回の成績の気配から見れば、大学合格は危ないだろう。

    2 あの人の服装はいつも外国人の気配がする。

    3 空の気配がおかしいので、傘を持っていってください。

    4 これは人の気配を察知することができる装置だ。

29 不平

    1 家の近くにスーパーがないのでとても不平だ。

    2 仕事上の人間関係で、つい不平を言うことがある。

    3 地面が不平で、家具が斜めになっている。

    4 風が吹いてきて、水面が不平になった。

30 必ずしも

    1 明日、必ずしもレポートを提出してください。

    2 これだけ頑張ったんだから、必ずしも合格できるよ。

    3 多数の意見が、必ずしも正しいとはいえない。

    4 毎朝必ずしもジョギングすることにしている。

31 思いつく

1 昔の恋人のことを思いつくと、心が痛い。

2 自分の高校時代を思いつくと、受験勉強していた記憶しかない。

3 新製品の開発についてのアイデアを思いついた。

4 この歌を聴くたびに、故郷のことを思いつく。

32 眺める

1 退職後は、引っ越して海を眺めながらのんびり暮らしたい。

2 テレビを眺める時は部屋を明るくしてください。

3 病院へおばあさんを眺めに行った。

4 先週末は国立博物館を眺めに行った。

言語知識（文法）

問題7　次の文の（　　　　）に入れるのに最もよいものを、1・2・3・4から一つ選びなさい。

33 急用で出かけなければならなくなったので、食べ（　　　　）のケーキを冷蔵庫に入れておいた。

1　かけ　　　　　　2　ばかり　　　　　3　ぎみ　　　　　4　たて

34 （　　　　）こんなところで好きな歌手に会えるとは思ってもみなかった。

1　いったい　　　2　どうか　　　　3　まさか　　　　4　おそらく

35 傘を持ってこなかった日（　　　　）、よく雨が降る。

1　にとって　　　2　にかぎって　　3　について　　　4　にかけて

36 せっかくみんなが集まったのだから、遠慮深い話（　　　　）、つまらないでしょう。

1　ばかりしていては　　　　　　　　2　ばかりするには
3　ばかりか　　　　　　　　　　　　4　ばかりでなく

37 お忙しい中、わざわざ（　　　　）、ありがとうございます。

1　参ってさしあげて　　　　　　　　2　来られてくださって
3　おいでくださって　　　　　　　　4　来てさしあげて

38 ここ2週間、寒い日が続いているせいで、野菜の値段が上がる（　　　　）。

1　ことだ　　　　2　がちだ　　　　3　まいか　　　　4　一方だ

39 京都は季節（　　　　）、美しい景色が楽しめる素晴らしいところだ。

1　をもとに　　　2　をとわず　　　3　をこめて　　　4　をけいきに

40 母「マサト、小さい虫などが入り込むかもしれないから、ジャムの蓋を（　　　　）ちゃんと閉めてね。」

息子「はーい、わかってるよ。」

1　開けたままにせず　　　　　　　　2　開けておくために
3　開けたままにしても　　　　　　　4　開けておいても

41 日本人の友達ができた（　　　　）、日本語の会話が上手になった。

1　せいで　　　　2　おかげで　　　3　ばかりに　　　4　ためには

42 この分厚い小説は、一週間では読み（　　　　）と思う。

1　だせない　　　　2　こめない　　　3　きれない　　　4　かけない

43 （メールで）

来週の企画会議につきまして、場所に変更が（　　　　）ので、ご確認お願いします。

1　ございます　　　　　　　　2　いたします

3　おっしゃいます　　　　　　4　いらっしゃいます

44 期末レポートの提出期限が迫っているので、遊びにいく（　　　　）。

1　ことでもない　　　　　　　2　ばかりじゃない

3　どころじゃない　　　　　　4　ものではない

問題8　次の文の＿＿＿＿★＿＿＿＿に入る最もよいものを、1・2・3・4から一つ選びなさい。

（問題例）

あそこで＿＿＿＿＿　＿＿＿＿＿　＿★＿＿　＿＿＿＿＿は山田さんです。

　　　1　テレビ　　　　2　見ている　　　3　を　　　　4　人

（解答のしかた）

1. 正しい文はこうです。

あそこで＿＿＿＿＿　＿＿＿＿＿　＿＿★＿＿　＿＿＿＿＿は山田さんです。

　　　　1 テレビ　　3 を　　　　2 見ている　　4 人

2. ＿★＿＿に入る番号を解答用紙にマークします。

（解答用紙）　（例）　①　●　③　④

45 最近、＿＿＿＿＿　＿＿＿＿＿　＿★＿＿　＿＿＿＿＿と思っている若者が増えている。

1　いい　　　　　2　自分さえ　　　3　どうでも　　　4　よければ

46 職場における「ペーパーレス化」はメリットが多いが、実際に行ったら＿＿＿＿＿

＿★＿＿　＿＿＿＿＿　＿＿＿＿＿だろう。

1　起こる　　　　　　　　　　2　ではない

3　混乱や人的ミスが　　　　　　　　4　心配もない

47　今回のテストでは ＿＿＿＿ ＿＿＿＿ ＿＿★＿＿ ＿＿＿＿ 強いショックを
受けた。

1　知らせには　　　　　　　　　　　2　不合格の

3　だけに　　　　　　　　　　　　　4　自信があった

48　そんなことを ＿＿＿＿ ＿＿＿＿ ＿＿★＿＿ ＿＿＿＿ 分かりはしないだろう。

1　何を　　　　　　　　　　　　　　2　しようものなら

3　言われるか　　　　　　　　　　　4　みんなに

49　土曜日に開催予定だった ＿＿＿＿ ＿＿＿＿ ＿＿★＿＿ ＿＿＿＿ を得
ない。

1　中止せざる　　　2　台風に　　　　3　より　　　　4　運動会は

問題9　次の文章を読んで、文章全体の内容を考えて、 50 から 54 の中に入る
最もよいものを、1・2・3・4から一つ選びなさい。

以下は、雑誌のコラムである。

　日本人は「目」とか「川」など、日本で生まれた言葉に片っ端から漢字をあてはめて書
いていった。しかし中国にそれにあたるものがない場合、漢字で書き 50 。その場
合は、日本で漢字のような文字を作っている。それを国字と呼んでいるが、「峠」とか
「畑」とかいうのはすべてこの国字である。

　およそ国字のうちで一番多く使われているものは 51 、人偏に動くと書く、「働
く」という文字だろう。 52 働くことが好きな日本人にぴったりの文字である。

　英語では「働く」にあたる言葉はworkというが、机に向かって勉強してもworkにな
る。日本では机で勉強することは働く中に入らない。掃除をするとか物を修理すると
か、他人のためになることをしなければ働くに 53 。

　さて、およそ日本語の中で一番日本人の心構えをよく表す言葉は何だろうかと考え
ると、私は「いそしむ」という言葉だと思う。「いそしむ」を引くと、エンデバー（努力
する）と出てくるが、エンデバーには楽しむという意味がないと思われる。

　働きすぎとか、働き蜂とか言われるが、私は働くことを楽しむという日本人の性格
はすばらしいものだと思う。日本がここまで発展したのも、この言葉があった 54
という気がするのだが。

50

1　ようがない	2　かねない
3　きれない	4　かけない

51

1　何とかすると	2　何よりも
3　何かといったら	4　何とかしても

52

1　あるいは	2　おおよそ
3　もっとも	4　いかにも

53

1　するしかないのである	2　ならないのである
3　すぎないのである	4　ほかならないのである

54

1　わけだ	2　ことだ
3　からだ	4　ものだ

読　解

問題10　次の（1）から（5）の文章を読んで、後の問いに対する答えとして最もよいものを、1・2・3・4から一つ選びなさい。

（1）

　自分ってどんな人間だろう。そう考えるとき、必ず、自分が所属する会社や学校、それに家族や友人たちの顔が思いうかぶのではないでしょうか。人間は社会的な生き物です。周囲の人たちとの関係によって、自分自身の立場を確認し、自分自身を高め、成長させるだけでなく、生活を充実させるために、ほかの人たちに働きかけていくものです。その意味でいえば、人は人間関係によって育まれていくといっていいでしょう。

55　筆者が一番言いたいことはどれか。

1　自分自身がどんな人間なのかは家族や友人によって決められる。

2　人間はだいたい会社や学校のことを考えた上で、自分の立場を決める。

3　人間は社会的な生き物で、いろいろな人間関係の中で生きているのだ。

4　人間は自分の生活を充実させるために複雑な社会関係の中で働いているのだ。

（2）

　わが子の友だちが家に来て、家族に迷惑をかけたり、行儀が悪かったりしたとき、ふつう親は、他人の子だからと、へんな遠慮を見せて、叱らないですませてしまうことが多いようです。しかし、こんなときこそ、他人の子といえども、何らはばかるところなく、自分の子と同じように叱ってみることです。それがその子のためになることは言うまでもありませんが、むしろそれ以上に、わが子のためになることが多いからです。

56　筆者が一番言いたいことはどれか。

1　他人の子が悪いことをしたら、遠慮せずに叱るべきだ。

2　他人の子でも悪いことをしたら、叱るのがひいてはわが子のためになる。

3　他人の子だから、叱らないで済ませてしまうのがいい。

4　わが子も他人の子も同じように扱ったほうがいい。

（3）

　以下は、別の会社の人から届いたメールである。

吉森商事

デジタル新技術開発課　西村様

平素より大変お世話になっております。

株式会社マルイ営業企画課の山崎です。

新商品の共同開発プロジェクトに関し、

関係者の皆様に大変なご尽力をいただき、心より感謝を申し上げます。

10月11日（水）に予定している次回の会議にあたり、

例の資料のご提出をお願いしたく、ご連絡いたしました。

つきましては、お手数ではございますが、

10月9日（月）までにお返事いただけませんでしょうか。

お忙しいところ恐縮ですが、ご対応のほどよろしくお願い申し上げます。

株式会社マルイ

営業企画課　山崎　進

yamazaki@marui.co.jp

57　このメールの要件は何か。

　　1　10月11日までに資料を提出してほしい。

　　2　10月9日までに返事をしてほしい。

　　3　新商品の共同開発について、意見を聞かせてほしい。

　　4　共同開発プロジェクトに協力した皆さんに感謝の気持ちを伝えたい。

（4）

　以下は、ある市に届いたメールである。

岬市道路交通部　ご担当者様

大野町の東照宮の近くに住んでいる者です。

最近、東照宮の前に無断で駐輪してある自転車が多くなりました。駅前ということもあり、駅まで自転車で移動し、東照宮の前に止める人が多いです。それによって住民たちや歩行者の通行を妨げ、とても迷惑しています。それに、事故などが起きてしまうのではないかと心配する人もいます。「ここでの無断駐輪は固くご遠慮願います」という看板もありますが、あまり効果がないようです。そういう自転車を勝手に処分することも難しいです。管理人が見回って、これらの自転車を撤去して特定箇所に保管したり、無断で止めている人に注意したりするべきだと思います。周りの住民たちが快適に暮らし続けられるように、適切な対応をお願いします。

ご検討をよろしくお願いします。

山村　慶次郎

58 このメールで伝えたいことは何か。

1　駅まで自転車で移動する人に注意してほしい。

2　東照宮の前に止めてある自転車を捨ててほしい。

3　東照宮の前の無断駐輪をしっかり管理してほしい。

4　無断駐輪を禁止すると書いてある看板を立ててほしい。

（5）

　ひとりっ子の典型的なタイプの一つの特徴は「自分の世界に閉じこもる」ことである。

　これも、きょうだいがいないことに起因する。きょうだいがいないため、子どもとのつきあい方を学習する機会もない。そのために、子どもとのつきあいがうまくいかない。反面、大人とのつきあい方は上手である。子どもの本質をよく知らない大人は、大人とのつき合いが上手なひとりっ子を見ると、社交性のある「よい子」と誤解することもある。

　保育園や幼稚園に入学したときに、ひとりっ子は自分と同年齢の子どもたちに何を感じるか。生まれて初めて出会う、不可解な生き物にうつる。未知との出会いである。

59 文章の内容と合っているものはどれか。

1　大人はひとりっ子の本質をよく知っている。

2　ひとりっ子は他の子どもとのつきあい方を知らない。

3　ひとりっ子は子どもとのつきあいが上手で、社交性もある。

4　ひとりっ子は大人とのつきあいが下手で、よく誤解される。

問題11　次の（1）から（3）の文章を読んで、後の問いに対する答えとして最もよいものを、1・2・3・4から一つ選びなさい。

（1）

　NHK放送文化研究所は、ことわざが正しく覚えられているかどうかについて、東京100キロ圏の16歳以上の男女1,800人に調査を行い、その結果をまとめた。（数字はパーセント）

　「情けは人のためならず」は、人に親切にしておけば、それがいつか自分にかえってきてよい報いがあるという意味である。この正解率は37.1で、「人に情けをかけると、相手のためにならない」が53.3とトップだった。「人に情けをかけると、ろくな結果にならない」が7.4。誤解が正解を上回った顕著な例で、誤解が定着しつつあるといえる。

　「①気の置けない人」の意味は、気楽につきあえる人。だが正解は46.1で、「油断のできない人」の51.1を下回った。「油断」派は10代、20代で6、7割を占め、若い世代では誤用が主流になっている。

　「②犬も歩けば棒にあたる」とは「余計なことをすると災難にあう」と「なんかしていればいいことがある」という正反対の解釈があり、両方とも正解とされる。前者が17.4、後者が37.7だったが、「人生は先のことがよくわからない」という新解釈が41もあり、最大だった。ほとんどの人が知っていたことわざだったが、解釈はまちまちで、ことわざとしての存在意味に疑問が生まれる結果だった。

　調査をしたNHKでは、「ことわざへの関心は予想していたほど低くはなかったが、解釈にゆれが多かった。生活のなかで耳から聞くことが減ってきたからでしょうか」と話している。

60　調査の結果によると、大半の現代人に捉われている「情けは人のためならず」という言葉の意味はどれか。
1　人に親切にしておけば、それがいつか自分にかえってくるだろう。
2　人に情けをかけると、相手のためにならない。
3　人に情けをかけると、ろくな結果にならない。
4　人に親切にしすぎると、その人のためにならない。

61　①「気の置けない人」という言葉のもともとの意味はどれか。
1　遠慮せずに付き合える人
2　油断のできない人
3　目立たない人
4　気が合わない人

62　②「犬も歩けば棒にあたる」の新解釈に合うものはどれか。

1　余計なことをすると災難にあう。

2　なんかしていればいいことがある。

3　人生は先のことがよくわからない。

4　どんなことも頑張りさえすれば成功できる。

（2）

　今の若い女性が理想と考える男性は昔のそれとはずいぶん違ってきた。昔はどんな時でも自分を守ってくれるような強い男性が理想で、顔や言葉の優しい男性は女のようだと言われてきた。ところが最近の女性がいいと思っているのは細くて背が高く、おしゃれで優しい男性なのだそうだ。（　　①　　）、男性は一生懸命自分を飾る努力を始めたようだ。中には、男性専門のおしゃれ雑誌を買って、髪の形や着るものを研究するものもいるそうだ。確かにおしゃれな男性が増えるのはいいことだ。しかし、②右を見ても左を見ても、同じような男性ばかりに見えるのはどうしてなのだろうか。同じようなデザインの服、バッグ、同じような髪の形、歩き方、そうなると話まで同じようなことを話しているように見えてしまう。結局みんな同じになってしまったためではないだろうか。

　昔は、男性の考える「理想の女性」になろうと努力する女性が多かった。しかし、最近は、男性がどう考えるかをあまり問題にせず、もっと自由に自分の好きなおしゃれをしている女性の方が増えた。仕事やスポーツ、勉強を一生懸命やっている女性もふえ、その中には、特別におしゃれをしていないのに、きれいだなと思わせる女性がいる。中から出てくる何かがその女性をきれいに見せるのだろう。それとは対照的に、「外見より中身」といっていた男性が外見を飾り始めたのは面白いことだ。

63　（　　①　　）に入れる適切な言葉はどれか。

1　しかし　　　　2　そして　　　　3　そこで　　　　4　それなら

64　②「右を見ても左を見ても、同じような男性ばかりに見えるのはどうしてなのだろうか」とあるが、なぜか。

1　髪の形や着るものにいろいろと工夫を凝らし、おしゃれをしているから

2　女性が考える理想の男性になるために、同じ流行やファッションを追っているから

3　男性専門のファッション雑誌の格好を真似ているから

4　同じ雑誌を読み、同じ格好をしていて、同じ口調で話しているから

65 文章の内容と合っているものはどれか。

1 若い女性が考える「理想の男性」は、今も昔も同じである。

2 男性のためだけにおしゃれをする女性がいなくなった。

3 男性の考える「理想の女性像」が昔と変わっている。

4 おしゃれで優しい顔の男性は昔は女のようだと言われた。

(3)

　コーヒーで有名な、あのハワイのコナというところへ遊びに行った友達の話。食べすぎたのか、おいしいコーヒーを飲みすぎたのか、急におなかが痛くなり、「ちょっと」と言って、急いでトイレへ行ったそうです。（　　①　　）トイレの前へ来て、「？」――男性用、女性用と書いてあるのは分かるのですが、これがハワイ語で、どうも分からない。絵もかいてはあるのですが、これがまたどちらもスカートのようなものをはいていて困ってしまったそうです。それからその友達がどうしたのかは忘れてしまいましたが、この話を聞いたとき、笑っていいのかどうか、私も困ってしまいました。でも最近は空港や駅などで使われている絵は、誰にでも分かりやすくなっているので、②私の友達のようにトイレの前で「右か左か」と泣かされる人は少なくなったと思います。

　誰が見ても意味が分かるということで、絵と同じように使われているのが色です。東京、大阪、福岡などの大都市の地下鉄の地図は、赤や青や緑を使って分かりやすいように書かれているし、電車の色を見ればどこへ行くのか分かるようになっているところまであります。学生もふでばこの中に赤や青や黄色のペンを入れて、先生の説明を聞きながら「すぐ覚えること」「テスト前に覚えること」「覚えなくてもいいけれども大切なこと」と色をぬるということです。

　最近は外国へ行っても車を運転するのにあまり困りません。「あぶない」ということを知らせるために赤が使われていたり、あちらこちらに絵を使った案内があるからでしょう。色や絵は、どちらも言葉と同じように伝えたいことを簡単に分かりやすく伝えるのに役に立っています。

66 （　　①　　）に入れる言葉として正しいのはどれか。

1 それでは　　　2 ところが　　　3 つまり　　　4 にもかかわらず

67 ②「私の友達のようにトイレの前で「右か左か」と泣かされる人は少なくなったと思います」とあるが、「泣かされる」について、正しい説明はどれか。

1 トイレの場所が分からなくて、泣いてしまったということ

2 右に入るか、左に入るか、迷ってしまったということ

3 トイレの場所を間違えて、恥ずかしい思いをしたということ

4　どっちが男性用か、どっちが女性用か、区別できなくて、困っていたということ

68 文章の内容と合っているものはどれか。

　　1　東京や大阪では地下鉄の路線は赤や青や黄色を使っている。

　　2　トイレの案内が絵とハワイ語でしか表示されていなかったため、分かりづら
　　　かった。

　　3　学生は授業中先生の説明を聞きながら、色の違うペンで絵をかく。

　　4　外国では赤を使う場合、「危ない」ということを意味する。

問題12　次のＡとＢの文章を読んで、後の問いに対する答えとして最もよいものを、
　　　　1・2・3・4から一つ選びなさい。

Ａ

```
2月1日　てんびん座の運勢

　どこか気分がすぐれない日。健康に関して考えさせられるような出来事が起こる
かもしれません。薬や補助食品の効果に頼りきるのではなく、ふだんの生活から自
分の体をいたわることが大切です。きちんと野菜を食べる、甘いものをとりすぎな
い、お酒を飲みすぎない、夜ふかしをしないなど、根本的なところからの改善を心
がけてください。ウォーキングや散歩にツキあり。時間をつくって、取り組んでみ
ましょう。
```

Ｂ

```
2月1日　さそり座の運勢

　思うように実力を発揮できない場面がありそう。うまくいかないことがあっても
気持ちをうまく切り替えることが重要です。何かを作る作業に没頭すれば、気分を
リフレッシュできるはず。組み立て式の家具を完成させたり、パンや焼き菓子など
を作るのがオススメ。作業に集中でき、できあがった達成感が新たなエネルギー源
となるでしょう。前向きになることで、ポジティブなエネルギーをたっぷり充電で
きそうです。
```

69　2月1日の運勢について、ＡとＢはどのように述べているか。

　　1　ＡもＢも運勢がいいと述べている。

2　AもBも運勢がよくないと述べている。

3　Aは運勢がいいと述べ、Bは運勢がよくないと述べている。

4　Aは運勢がよくないと述べ、Bは運勢がいいと述べている。

70　やるべきことについて、AとBはどのように述べているか。

1　Aは食べ物に頼らず、薬を飲んだほうがいいと述べ、Bは気分転換でほかの作業に集中したほうがいいと述べている。

2　Aは食生活を見直し、運動をしたほうがいいと述べ、Bは気分転換でほかの作業に集中したほうがいいと述べている。

3　Aは薬などの効果に頼らず、運動したほうがいいと述べ、Bは諦めないで頑張ることが大事だと述べている。

4　Aはふだんと違うことをやったほうがいいと述べ、Bは諦めないで頑張ることが大事だと述べている。

問題13　次の文章を読んで、後の問いに対する答えとして最もよいものを、1・2・3・4から一つ選びなさい。

　なんとなく具合が悪く、もう少しうまい呼び方がないものか、と思い続けている言葉がある。

　夫婦が一緒にいて、いずれか一方だけが知っている人に会った場合、自分の妻なり、夫なりをどう呼んで相手に紹介するか——

　一般的には、他人に向かって夫は妻を「家内です」と紹介し、妻は夫を「主人です」といって引き合わせるだろう。年齢によって違いはあるかもしれないが、わが周辺ではそれが普通であるようだ。

　しかし、僕自身は、「家内」という言葉にどうしても抵抗を覚え、うまく口から出てこない。漢和辞典を開けば、「家内」とは、他人に対して己の妻をいう語、と書かれている。相手に対する謙りのニュアンスを含ませた身内の呼び方として、さらりと口に出せばまことに都合のいい言葉ではある。

　別に誰かから、「家内」という言葉は怪しからん、といわれたこともなければ、本人から、非民主主義的である、などと抗議を受けた覚えもない。にもかかわらず、①こだわりを捨てきれない。

　心の底のどこかには、戦後民主主義の名残りめいた一種の自己検閲が働いているのかもしれない、とも思うけれど、一方では、その言葉にはもはやリアリティーがないのではないかとの疑いもある。

　「家内」には、家の内にあり、家を守って取り仕切っているもの、といった含みがある

だろう。当然その前提として、家の外で働き金を稼いでくるのは夫なのである。

　しかし、今の妻の多くは、忙しくてあまり家の中には居ない。ショッピングもあれば、カルチャーセンター通いもある。テニスもすれば地域活動の主体ともなる。勤めを持って働いている人はもちろん、パートタイマーとして仕事する主婦も少なくない。

　としたら、そういう妻たちを指して、これがうちの「家内」です、と呼ぶのはおかしくないか——そんな気がしてしまうのだ。

　そのくらいなら、「家内」と呼ばずに「女房」といえばいいとも思うが、これはややくだけすぎて、改まった場所では使いにくい。仕方がないので、「妻です」と僕は紹介する。しかし、これには多少のわざとらしさを感じることが間々ある。

　それでは「主人」の方はどうか、となるとこれがおかしい。他人に対して妻から、「主人です」と紹介されてあまり違和感を覚えないからだ。こちらは一家の主である、と自認しているのだろうか。平気でそれを受け入れている。夫が「主人なら」、妻が「家来」になるのだから、そのリアリティーの希薄なことは「家内」の場合よりもっとひどいかもしれない。

　「主人」と呼ばれて平気なら、「家内」と呼ぶのも自然ではないか、と（　　②　　）反省をしたりする。（中略）

　こんなことにこだわっているのはばかばかしいとも思う。「夫」と「妻」しか出てこない小説より、「主人」と「家内」の活躍する作品の方が面白そうな気もする。と結論は出ぬまま、あいまいなこだわりだけが残っている。

71 ①「こだわりを捨てきれない」とあるが、なぜか。

1　「家内」というのはよくない非民主主義的な言葉だと思うから

2　「家内」という言葉にはもはやもともとの意味がなくなってきていると思うから

3　心の底のどこかに、戦後民主主義の名残めいた一種の自己検閲が働いているように感じられて、いやな感じがするから

4　夫が「主人」なのだから、妻を「家内」と呼ぶよりは、むしろ「家来」と呼ぶほうがもっと理にかなっていると思うから

72 （　　②　　）の中には、どんな言葉を入れたらよいか。

1　馬鹿げた　　　　2　不思議な　　　3　おかしい　　　4　妙な

73 筆者の主張と一致するものはどれか。

1　夫婦は対等であるのだから、お互いに「主人」「家内」という呼び名はおかしいのでやめるべきだ。

2　妻を「家内」と呼ぶのにはいくつかの問題があるが、多数の支持を得ているし、やはり便利な言葉だと思うから使ってもよい。

3　妻を「家内」と呼ぶよりは、「妻」と呼んだほうがよいが、これにも多少の問題があり、最も適切な呼び方を思いつかなくて困る。

4　夫を「主人」と呼ぶのは良いが、妻を「家内」と呼ぶのは適切でないので、何か良い呼び名はないものだろうか。

問題14　次の三つの大学のシラバスを読んで、下の問いに対する答えとして、最もよいものを1・2・3・4から一つ選びなさい。

74　文章の表現力を高めたい留学生で、試験に参加したくない場合、どの先生の授業を取ればいいか。

1　山本先生の授業

2　田中先生の授業

3　浅野先生の授業

4　田中先生と山本先生の授業

75　以下のシラバスの内容と合わないのはどれか。

1　どの授業の評価基準にも出席率が含まれているので、欠席しないほうがいい。

2　日本の文化や行事を学びたい人は、浅野先生の授業を取ったほうがいい。

3　山本先生は厳しい先生で、授業中隣の人とおしゃべりをしてはいけない。

4　田中先生の授業は授業中ほとんど文章を書く練習をするので、学生はあまり自分の意見を発表しなくてもいい。

担　　　当	田中智子
対　　　象	全学部生（ただし、正規学部生はのぞく）
授業内容	・あるテーマについて書かれた文章を読んで、自分の意見を文章にまとめる。 ・段落や構成を考えて、論理的に分かりやすい文章を書く。
テキスト	授業で、新聞のコピーなどを配る。

授業の進め方など

* テーマについては、できるだけ受講者の興味のあるものを取り上げるつもりです。

* 授業では、論説文などを読んで、意見を出し合い、自分の考えをまとめ、日本語で的確に表現し、分かりやすい文章を書く練習をします。

* 作文を書く宿題を出します。提出してください。

評　　価　　①レポートを書き、提出する　②そのレポートを口頭発表する
③平常点（作文の宿題を含む）　④出席点

担　　当　　浅野光

履修条件　　特になし。外国人留学生のみ。

授業目的　　日本の年中行事について、テキスト購読を通じて、その歴史も含めて日本の文化として考えてみたい。受講生にも意見を求めることも考えている。

授業方法　　テキスト購読を主とするが、それ以外にも最新の出来事などに関して講義をする予定（予備時間に行う）。

評価方法　　前期試験（40％）・学年末試験（40％）・出席と小テスト（20％）で評価する。
＊試験形式は論述とする。小テストとは授業中に受講者の意見などを書いてもらう形式のもので、知識を問うものではない。

教　科　書　　『日本人のしきたり』飯倉晴武編著（青春新書46・青春出版社）

担　　当　　山本久美子

授業目的　　達意で深みのある文章が書けるようになることを目的とする。そのための理論と方法を講義し、文章作成をしてもらう。特に1,200字の小論文を書く力を養うことに力点を置く。さらに文章を書くための読書方法について講義する。

履修条件　　私語・遅刻・忘れ物（教科書・プリント等）をしない。
定員をこえた場合は第2回目の授業において人数調整を行う予定。

授業方法　　教科書・参考書の使用と共にプリントを配布し、講義する。それを基に文章作成し、添削後に個別指導する。

評価方法　　①小論文を提出する（40％）②期末試験（40％）③出席点（20％）

模擬テスト

第 2 回

聴　解

（50分）

問題1では、まず質問を聞いてください。それから話を聞いて、問題用紙の1から4の中から、最もよいものを一つ選んでください。

1番

1 一つ
2 二つ
3 三つ
4 四つ

2番

1 自転車を決められた場所にとめ、鍵をかけること
2 自転車で通学しないようにすること
3 道に自転車をとめるときは鍵をかけること
4 自転車が盗まれた場合は学校に責任を取ってもらうこと

3番

1 二人は、新しくできた店に出前を頼む
2 二人は、ゆっくり寛ぎたいので、注文して持ち帰る
3 二人は、店に行って食べる
4 二人は、今日は食べないで、我慢することにする

4番

1 全体のこうせい
2 はじめの部分
3 原稿のながさ
4 真ん中の部分

5番

1 仲村さんと鈴木さん
2 仲村さんと里井さん
3 山本さんと鈴木さん
4 山本さんと仲村さん

問題2

問題2では、まず質問を聞いてください。そのあと、問題用紙のせんたくしを読んでください。読む時間があります。それから話を聞いて、問題用紙の1から4の中から、最もよいものを一つ選んでください。

Z2全真模拟试题

1番

1 置く場所を変える

2 必要な温度をかくほする

3 水やりの回数を増やす

4 もっと肥料を与える

2番

1 時間をかけて資料を作ること

2 人前で話の練習をすること

3 資料をよく覚えること

4 深呼吸すること

3番

1 男の人の髪の毛が変だったから

2 男の人が自分たちに騙されたから

3 男の人が頭に手をやったのが滑稽だったから

4 男の人がプリントと髪の毛を間違えたから

4番

1 迷惑メールが二通来たから

2 迷惑メールがたくさん来たから

3 知らない人が来たから

4 知らない人が毎日来るから

5番

1 机と椅子を借りるため

2 机と椅子を直すため

3 机と椅子を換えるため

4 机と椅子をもらうため

6番

1 働くことに対する考え方が変わったから

2 忍耐力に欠けているから

3 自分に合う仕事が探せないから

4 個性や能力が発揮できなくなっているから

問題3

問題3では、問題用紙に何もいんさつされていません。この問題は、全体としてどんな内容かを聞く問題です。話の前に質問はありません。まず話を聞いてください。それから、質問とせんたくしを聞いて、1から4の中から、最もよいものを一つ選んでください。

― メ モ ―

問題4

問題4では、問題用紙に何もいんさつされていません。まず文を聞いてください。それから、それに対する返事を聞いて、1から3の中から、最もよいものを一つ選んでください。

― メ モ ―

問題5

問題5では、長めの話を聞きます。この問題には練習はありません。
問題用紙にメモをとってもかまいません。

1番、2番

問題用紙に何もいんさつされていません。まず話を聞いてください。それから、質問とせんたくしを聞いて、1から4の中から、最もよいものを一つ選んでください。

― メ モ ―

3番

　まず話を聞いてください。それから、二つの質問を聞いて、それぞれ問題用紙の1から4の中から、最もよいものを一つ選んでください。

質問1

1　講座1
2　講座2
3　講座3
4　講座4

質問2

1　講座1
2　講座2
3　講座3
4　講座4

模擬テスト

第 3 回

言語知識（文字・語彙・文法）・読解

（105分）

言語知識（文字・語彙）

問題1 _____の言葉の読み方として最もよいものを、1・2・3・4から一つ選びなさい。

1 病院に運ばれた患者は苦痛を訴えた。
　　1　つたえた　　　2　うったえた　　　3　あたえた　　　4　おさえた

2 紺色や灰色のスーツといえばビジネスウェアの定番だ。
　　1　はいしょく　　2　かいしょく　　　3　はいいろ　　　4　かいいろ

3 昨日の交通事故で三人の高校生の命が奪われた。
　　1　うばわれた　　2　かばわれた　　　3　かまわれた　　4　みまわれた

4 彼女は新時代劇で主役を演じることになった。
　　1　しゅえき　　　2　おもえき　　　　3　おもやく　　　4　しゅやく

5 ハイキングに行くときは雨具などを持参してください。
　　1　あめぐ　　　　2　さめぐ　　　　　3　あまぐ　　　　4　さまぐ

問題2 _____の言葉を漢字で書くとき、最もよいものを1・2・3・4から一つ選びなさい。

6 昨日の飲みすぎで、体のちょうしがよくない。
　　1　調視　　　　　2　調試　　　　　　3　調止　　　　　4　調子

7 物事を前向きに明るくとらえ、きらくに生きていこう。
　　1　気楽　　　　　2　汽楽　　　　　　3　気落　　　　　4　汽落

8 日がしずんで、辺りが暗くなってきた。
　　1　没んで　　　　2　沈んで　　　　　3　落んで　　　　4　浸んで

9 転校して、なかまに受け入れてもらえない疎外感を味わった。
　　1　中間　　　　　2　長間　　　　　　3　仲間　　　　　4　分間

10 かつて、地方出身の青年の多くがこころざしを抱いて上京したそうだ。
　　1　心　　　　　　2　悟　　　　　　　3　夢　　　　　　4　志

問題3 （　　　　　）に入れるのに最もよいものを、1・2・3・4から一つ選びなさい。

11 申込書に間違いがあったので、訂正してから（　　　　　）提出した。
　　1 重　　　　　2 後　　　　　3 改　　　　　4 再

12 結婚式の招待（　　　　　）が届いたら、なるべく早く返信を出す。
　　1 書　　　　　2 券　　　　　3 状　　　　　4 信

13 上司からの食事の誘いはなかなか断り（　　　　　）。
　　1 ぶかい　　　2 づらい　　　3 きつい　　　4 くさい

14 あまり知識のないまま自己（　　　　　）のダイエットをするのは危険だ。
　　1 式　　　　　2 流　　　　　3 風　　　　　4 派

15 この喫茶店は店内が（　　　　　）暗くて落ち着いた雰囲気だ。
　　1 少　　　　　2 薄　　　　　3 軽　　　　　4 弱

問題4 （　　　　　）に入れるのに最もよいものを、1・2・3・4から一つ選びなさい。

16 年をとると、だんだん髪の毛が（　　　　　）。
　　1 ぬける　　　2 ちる　　　　3 かれる　　　4 むく

17 来週に大学受験を控えている姉は、神経が（　　　　　）ぴりぴりしている。
　　1 けずって　　2 とがって　　3 めだって　　4 ひねって

18 水道工事のため、本日は臨時（　　　　　）とさせていただきます。
　　1 休暇　　　　2 休養　　　　3 休憩　　　　4 休業

19 新しい電球に（　　　　　）たら、部屋が明るくなった。
　　1 取り出し　　2 取り替え　　3 取り入れ　　4 取り戻し

20 寝る前によく心が（　　　　　）になる音楽を聴く。
　　1 穏やか　　　2 緩やか　　　3 滑らか　　　4 和やか

21 これは私が（　　　　　）経験したことだから、嘘でもなんでもない。
　　1 じつは　　　2 じきに　　　3 げんに　　　4 じつに

22 長年、風雨にさらされている部屋の外壁は（　　　　　）が剥れている。
　　1 ランチ　　　2 ベンチ　　　3 ペンキ　　　4 ラケット

問題5 _____の言葉に意味が最も近いものを、1・2・3・4から一つ選びなさい。

23 頑張ったかいがあって、彼は見事に大学に合格した。

1 出た 　　2 受かった 　　3 通った 　　4 勝った

24 せっかくですが、いただけません。

1 もったいない 　2 ありがたい 　3 うらやましい 　4 もうしわけない

25 数日前から、家の前に怪しい人が立っていたので、警察に通報した。

1 はでな 　　2 かってな 　　3 へんな 　　4 みじめな

26 景気が次第に回復に向かっている。

1 やっと 　　2 意外に 　　3 すっかり 　　4 だんだん

27 うちの父はなかなか頭の固い人だ。

1 おかしい 　　　　　　2 回らない

3 融通がきかない 　　　4 判断ができない

問題6 次の言葉の使い方として最もよいものを、1・2・3・4から一つ選びなさい。

28 往復

1 新しい言葉は往復して覚える必要がある。

2 事前に往復のチケットを買ったほうが安くつく。

3 バランスのとれた食事で血液の往復をよくする。

4 新聞紙などの資源ごみを往復利用する。

29 深刻

1 自分のやったことを深刻に反省している。

2 不景気がますます深刻になってきた。

3 事件についての深刻な考えに感心した。

4 あの二人は深刻に仲良く20年も付き合ってきた。

30 通う

1 毎日、地下鉄で会社に通っている。

2 改修工事で、この道を通うことができない。

3 彼とは電子メールを通って、連絡する。

4 一度沖縄へ通ったことがある。

31 かえって

1　好きでもないものをかえって食べることはない。

2　車も持っているのに、かえって地下鉄で来た。

3　医者に診てもらったけど、かえって病気が重くなった。

4　時間がなくてタクシーに乗って、かえって間に合った。

32 広がる

1　両足を肩幅に広がってください。

2　火事は風の勢いで隣の町にまで広がった。

3　スポーツに対する興味は広がる一方だ。

4　ここ何年間、国民の環境に対する関心が広がる一方だ。

言語知識（文法）

問題7　次の文の（　　　）に入れるのに最もよいものを、1・2・3・4から一つ選びなさい。

33　一人暮らしを（　　　　）、親のありがたさに気づいた。

1　して以来　　　　　　　　　　　　2　してからでないと
3　してしようがない　　　　　　　　4　してはじめて

34　私の知っている（　　　　）、彼女はまだ独身で彼氏もいないはずだ。

1　限りでは　　　2　以上では　　　3　次第では　　　4　ようでは

35　今日は（　　　　）風邪気味で、朝から喉が痛いし、体もだるい。

1　どうして　　　2　どうも　　　3　どうせ　　　4　どうか

36　先生に「ちゃんとレポートの締め切りを守ってください」と（　　　　）、一度も遅れたことがない。

1　言われて以来　　　　　　　　　　2　言って以来
3　言われているところを　　　　　　4　言っているところを

37　この論文、読んだ（　　　　）読んだが、内容がよくわからなかった。

1　だけは　　　2　ばかりは　　　3　ことは　　　4　ものは

38　最近ネットショップを始めたけど、それは仕事（　　　　）遊びのようなものだ。

1　にかかわらず　　　　　　　　　　2　どころか
3　にあたって　　　　　　　　　　　4　というより

39　車がなくて不便だが、あったら（　　　　）いろいろとお金がかかって大変だと思う。

1　あるので　　　2　あったで　　　3　あったが　　　4　あって

40　今はインターネット（　　　　）、世界中に情報を発信することが可能になった。

1　をとおして　　　2　にそって　　　3　のもとで　　　4　とともに

41　（掲示板で）

この度、当社の工事で近隣住民の皆様に大変ご迷惑をおかけしましたことを、お詫び（　　　　）。

1　まいります　　　　　　　　2　うかがいます

3　申し上げます　　　　　　　4　願います

[42]　明日は大事な発表会なので、徹夜し（　　　　　　）きちんとした資料を作らなければ

ならない。

1　ながら　　　　　2　てでも　　　　　3　てこそ　　　　　4　ようものなら

[43]　このお店は完全予約制なので、電話で（　　　　　　）入れない。

1　予約してはじめて　　　　　　2　予約してからでないと

3　予約してばかりいては　　　　4　予約してはいられないものの

[44]　ニュースによると、2025年には電気自動車が世界の新車販売台数の約3割を占める

（　　　　　　）。

1　というものだ　　　　　　　　2　というものではない

3　ということはない　　　　　　4　とのことだ

問題8　次の文の___★___に入る最もよいものを、1・2・3・4から一つ選びなさい。

- -

（問題例）

あそこで　_____　_____　__★__　_____　は山田さんです。

　　　1　テレビ　　　　2　見ている　　　3　を　　　　　4　人

（解答のしかた）

1. 正しい文はこうです。

あそこで　_____　_____　__★__　_____　は山田さんです。
1テレビ　　3を　　　2見ている　　4人

2.　__★__　に入る番号を解答用紙にマークします。

　　　（解答用紙）　（例）　①　●　③　④

- -

[45]　喉の炎症で、_____　_____　__★__　_____　つらくて大変だ。

1　のも　　　　　　　　　　　　2　食事

3　どころか　　　　　　　　　　4　水を飲む

— 59 —

46 課長、＿＿＿＿＿ ＿＿＿＿＿ ★ ＿＿＿＿＿ 申し訳ありません。

1　お世話　　　　　　　　　　2　ばかり

3　おかけして　　　　　　　　4　いつも

47 現代 ＿＿＿＿＿ ★ ＿＿＿＿＿ ＿＿＿＿＿ インターネットでも手に入る
ようになっている。

1　において　　　　　　　　　2　必要なものは

3　われわれの生活に　　　　　4　ほとんど

48 すみません、私には ＿＿＿＿＿ ＿＿＿＿＿ ★ ＿＿＿＿＿ ご返事いたし
ます。

1　戻りましたら　　　　　　　2　わかりかねますので

3　担当の佐藤が　　　　　　　4　すぐ

49 この伝統技術は、日々の練習や努力 ＿＿＿＿＿ ★ ＿＿＿＿＿ ＿＿＿＿＿
ものだ。

1　によって　　　2　身に　　　3　つけられない　4　しか

問題9　次の文章を読んで、文章全体の内容を考えて、 50 から 54 の中に入る
　　　　最もよいものを、1・2・3・4から一つ選びなさい。

以下は、雑誌のコラムである。

　自信をもつ、というのは大事なことである。日常生活のうえでもそうだ。スポーツ
や、ビジネスの世界においても 50 。

　自信のある人は、人と接していても堂々としている。落ちつきがあるし、余裕もあ
る。 51 、自然に相手にやさしくできるし、少々のことで腹を立てることもない。
対する人よりも自信がある分だけ大人としてふるまうことも 52 。

　これに反して、自信がない、ということは、何かにつけてマイナスであるような気
がする。理由もなく卑屈（ひくつ）になったり、そわそわと落ち着きを失ったりもする。すぐに
かっとして相手に突っかかったりすることも多い。

　こわがっている犬ほどキャンキャンと吠えたりするようなものだ。自信がない人
は、はたから見てもすぐにわかってしまう。やはり自信のあるほうが生きていく
53 有利、というのがふつう一般の考え方だろう。

　（中略）

だが、自信にもいろいろあるのではないか。正直に言えば、堂々としすぎている人が、私は苦手である。なにもプロレスの試合をしている 54 。初対面の相手に自分を堂々と大きく見せる必要など、本当はないのではないか。

自信は人を説得する力を持つ。私たちは断定的なつよい口調に魅せられる気持ちがある。しかし、一方で、ひそやかな小さな声に耳をすませる本能もまた人間にあるのだ。

50

1　こうではないか　　　　　　2　そうだろう

3　どうだろうか　　　　　　　4　そうではない

51

1　したがって　　　2　それでも　　　3　あるいは　　　4　いまなお

52

1　できないだろう　　　　　　2　できるはずがない

3　できそうだ　　　　　　　　4　できただろう

53

1　うえには　　　　2　うえのは　　　3　うえは　　　4　うえでは

54

1　わけにはいかない　　　　　2　わけではない

3　わけがない　　　　　　　　4　というわけだ

読　解

問題10　次の（1）から（5）の文章を読んで、後の問いに対する答えとして最もよいも
のを、1・2・3・4から一つ選びなさい。

（1）

　一般に男より女の方が、勘が鋭いといわれている。つまり、女は男のうそを見破る「勘」を
持っているのだ。それは長い間、女性の社会的立場が低かったからだと私は考えている。

　（中略）社会的に力を持っている女性は、相手の心情を察する必要がない、相手がどう
思っていようと、命じて動かすことが大事だからである。ところが、社会的に立場が弱
い女性は、相手がどう思っているかが大事なのである。自分が生き延びるためには、相
手の気持ちを尊重しなくてはならない。必然的に、相手の本心を見抜く勘が磨かれる。

55　文章の内容と合っているものはどれか。

　　1　女性は男性に比べ社会的立場が低いため、常に相手の気持ちを察する必要が
　　　ある。
　　2　立場の弱い人は生きていくために、他人の気持ちを察する必要がある。
　　3　立場の弱い人ほど相手の本心を見抜く勘が磨かれている。
　　4　男性は女性の心情を察する必要がないので、勘が鈍い。

（2）

　以下は、取引先から届いたメールである。

株式会社　井上不動産
営業部1課　竹内様

いつもお世話になっております。
江口化学工業株式会社の森です。

本日は、当社商品エスロンパイプ「SUS304」の価格改定についてご連絡申し上げます。
昨今、主要原材料や原油価格の高騰が続いており、
原材料費や物流コストなどの負担が以前よりも大きくなっております。
弊社でもさまざまな対策を講じ価格維持に努めてまいりましたが、
現行の価格体系を維持するのが困難な状況となりました。

そこで、誠に不本意ではございますが、

製品の価格改定を実施させていただきたく存じます。

つきましては、8月20日受注分より新価格を適用いたしますので、

ご案内申し上げます。

商品の新価格は、添付の一覧表をご覧ください。

何卒、ご理解いただき、今後ともご高配を賜りますようお願い申し上げます。

江口化学工業株式会社

営業課　森

（mori@eguchi.co.jp）

---

56 このメールを書いた一番の目的は何か。

1　商品の価格改定を知らせる。

2　価格改定の原因を説明する。

3　8月20日までに返事してほしい。

4　商品の新価格について意見を聞く。

（3）

　　以下は、ある大学のホームページに掲載されたお知らせである。

加川大学＞お知らせ

7月1日

改修工事に伴う図書館の利用について

　7月下旬からの改修工事にあたり、利用できなくなる1号館全体が3号館に移転します。移転作業に伴い、利用は7月15日までになるとお知らせしましたが、工事期間の変更により7月10日に閉館することになりました。移転先の利用開始は7月25日で変更ありません。

　移転が完了するまでは、返却する本やCD・DVDなどは5号館のカウンターにお持ちください。

問い合わせ先: 情報管理センター

電話: 03-7412-5493

---

57 このお知らせで伝えたいことは何か。

　　1　7月15日から1号館が利用できなくなること

　　2　7月25日からの返却は5号館になること

　　3　1号館の閉館日が早まったこと

　　4　3号館の利用開始日が早まったこと

（4）

　うっかり冗談を言うと、「冗談も休み休み言え」と叱られることがある。冗談もいいが、そうのべつまくなしに言うべきではない、ということだろう。これと同様に、「マジメも休み休み言え」と言えそうな気がする。ともかくマジメだが、何となく人に嫌われたり、疎遠されたりする人がいる。言うこともすることもマジメで、その人の話を聞いていると、「なるほどもっとも至極」というわけで反論の余地がない。もっともだと思いつつ、しかし、心の中で妙な反撥心（はんぱつしん）が湧いてきたり、不愉快になったりしてくる。

58 「マジメも休み休み言え」とあるが、その意味として正しいものはどれか。

　　1　マジメな話より冗談話のほうが親しみやすい。

　　2　マジメな話も、度を越すのはよくない。

　　3　しばらくマジメな話をしないほうがいい。

　　4　マジメな話は嫌われるので、やめたほうがいい。

（5）

　子どもに将棋を教えたり、子どもと駆（か）けっこをするとき、私たちは知らず知らずこの逆転の思想で行動します。子どもに勝つことを体験させ、その喜びを教えて頭をプラス思考にしようとしているのです。脳を活性化させるしくみが、快感物質のドーパミンであることからもわかるように、人間の脳は気持ちよさ、喜びが大好きです。それを手に入れるためなら、いくらでも能力を発揮します。「もっと大きな喜びを得よう」とウキウキワクワク状態で活動しはじめます。

59 「この逆転の思想」とあるが、ここで何を指しているか。

　　1　子どもに将棋を教えること、喜びを体験させること

　　2　子どもと駆けっこをすること、プラス思考にさせること

　　3　子どもに勝つ体験をさせることで、学ぶ喜びを覚えさせること

　　4　子どもを喜ばせることで、勝負の世界へ進ませること

問題11　次の（1）から（3）の文章を読んで、後の問いに対する答えとして最もよいも
　　　　のを、1・2・3・4から一つ選びなさい。

（1）

　あなたは毎日、どんな気持ちで仕事に取り組んでいますか。

　上司から「これやって」といわれると、なんでもきちんとこなす指示待ち族。しかし、
自分から探すことはないし、ましてや先のことなどを考えていない。毎日が大過なく終
われればいいと思っている人。

　「早く給料日が来ないかな」など、プライベートなことで頭の中がいっぱいの人。そう
いう人は中高年であろうと、若かろうと、リストラの対象にされかねません。

　①職種にもよりますが、今日した仕事があすの結果となって現れることは少ない。営
業でいえば、今月の売り上げは過去三カ月くらいの自分の働きの結果です。

　結果は三ヶ月先、半年先に現れる。ここに意外な落とし穴があります。今日一日サボっ
ても、明日明後日に影響しない。ツケが回ってくるのは数カ月先です。「どこかで追いつ
けばいいや」と、ついつい気が弛んでしまうのです。

　（中略）

　人間が実際に手を触れることのできるのは、過去でも未来でもなく、現在だけです。

　今日という日は自分の未来を決定する重要な一日なのです。そういう気持ちで、少な
くとも数カ月を見て仕事を進めてください。

　②それを三ヵ月続けることができたら、あなたの評価は劇的に変わり、運命も劇的に
好転するでしょう。人生はそんなに難しくない。よいことをちょっと継続すれば、数ヵ月
先にはちゃんとそのご褒美がもらえるのです。

60　①「職種にもよりますが」とあるが、その説明について正しいものはどれか。
　　1　職種が違えば、今日やったことの価値も違ってくる。
　　2　職種によっては、今日やったことの結果がすぐ現れる場合もある。
　　3　職種が違えば、今やったことはまったく無意味な場合もある。
　　4　職種が変われば仕事に対する責任意識も薄れていく。

61　②「それ」は何を指しているか。
　　1　後々のことを考えて、心の弛みなく仕事に取り組むこと
　　2　よいことを少しずつ続けてやること
　　3　いい発想を生むこと
　　4　考えをすぐに実行すること

62 本文の内容と合っているものはどれか。

1 仕事中、プライベートなことに精を出している人はリストラされるべきだ。

2 なんでも上司の指示を待っているだけの人によい仕事はできない。

3 三ヶ月バリバリ働いたら、運命が劇的に変わる。

4 今日という日を大事に、着実に頑張っていけば、それなりのいい結果が得られる。

（2）

　立派な業績を上げた成功者は、何事も恐ろしいくらい徹底的に取り組んでいます。「私のやり方は、たとえばドイツ語を学ぶとしたら、三ヶ月でマスターするか、一生やらないかどっちかなのだ。やるとなったら徹底してやる！」

　これはモルガン財閥の創始者、J.P.モルガンの言葉です。

　物事を成就させるのは、必ずしも能力や資質ではありません。徹底して取り組む姿勢です。（　①　）。

　我々の舞台は会社ですから、努力も継続性が求められます。続けなければ意味がなくなります。続けることによって、繰り返しの効果が期待できるからです。

　一ヶ月すごく努力をして、あとはパッとやめてしまうようでは、せっかくの努力も実りません。努力というのは成果が出て初めて報いられるのです。せめて成果が出てくるまでは続けなければなりません。

　努力には継続ということが不可欠です。何でもいいから、ずっと続けていく。人によっては、それは「きっと辛いだろう」といいますが、人は習慣の動物で、慣れれば傍で見るほど辛いものではありません。そうやって努力を継続していると、思いがけない幸運がやってきます。

　うまくいかない人は、せっかくの努力が中途半端か、あるいは②「努力のための努力」になっているのではないでしょうか。

　上司が見ているからやろう、後で言い訳をするために努力だけはしておこう。そんな気持ちで形だけ努力しても、よい結果が生まれるはずがありません。

63 （　①　）に入れる言葉として、正しいのはどれか。

1 この姿勢で成果をあげるのは難しいです

2 この姿勢でなければ、やらなかったに等しいです

3 この姿勢こそが幸運を呼ぶきっかけとなるのです

4 この姿勢さえあれば、物事はうまくいくのです

64 ②「努力のための努力」とあるが、その内容に合うものはどれか。

　1　上司に褒めてもらうために、一生懸命頑張るふりをすること

　2　同僚たちを喜ばせるために、他人の仕事を代わりにやること

　3　お客さんの信頼を得るために、契約外のことを進んでやること

　4　いろいろな理由をつけて、形式的な努力をすること

65 文章の内容と合っているものはどれか。

　1　努力の成果が現れるには少なくとも一ヶ月以上の時間がかかる。

　2　J.P.モルガンの話によると、三ヶ月でマスターできないことは、一生やらない
　　という。

　3　物事を成就させるには、能力や資質よりも、徹底して取り組む姿勢が大切だ。

　4　人は習慣の動物なので、どんな仕事でも慣れたら、よい結果が生まれる。

（3）

　能力を高めるには、能力以上のものに挑戦しなければなりません。筋肉を鍛えるのと一緒で、楽なトレーニングをやってもダメなのです。ちょっときつめの運動をする必要があります。人生も同じ、ある時期に熱く燃えると、それが基礎体力となって、後々によい影響をもたらすのです。

　実力があり、チャンスも与えられているのに、①今ひとつパッとしない人がいます。
（　　②　　）、実力はちょっと劣るけれども、わき目もふらずによい成績を上げる人がいます。

　この差がどこから来るかといえば、仕事に対する熱意の差なのです。熱意を持っていれば、自ずと創意工夫が生まれ、実力以上のことが可能になってきます。いくら実力があっても、熱意が不足していると、実力の劣る人に負けてしまいます。

　お手本となる人を見つけて真似をするよう勧めましたが、身近にそういう人がいない場合もあるでしょう。そういうときは「目標を作る」ことです。

　仕事上の目標ではありません。人生の目標です。確固たる目標があると人生が潑剌（はつらつ）とします（注）。望みを達成しようと努力をすることは、人生最大の楽しみだからです。

　「遊んでいたほうが楽しいな」「趣味のほうがいいな」などと思っている人は、まだ人生の楽しみを知らないのです。

　ギリシャ時代の哲学者タレスに青年が質問しました。

　「師よ、人生で一番楽しいことはなんですか?」

　「目標を作って、それへ向かって努力することだ」

（注）潑剌（はつらつ）とします：生き生きとします

66 ①「今ひとつパッとしない人がいます」とあるが、その説明として、正しいのはどれか。

1 元気がなくなり、落ち込んでいる人

2 業績が上がらず、人気が衰えている人

3 実力を出しきれず、勢いがよくない人

4 会社で目立たず、マイナス評価されている人

67 （　　②　　）に入れるものとして、正しいのはどれか。

1 つまり　　　　　2 ところで　　　　3 にもかかわらず　4 はんたいに

68 筆者が一番言いたいことはどれか。

1 仕事に熱意を持って取り組めば、実力以上のことが可能になる。

2 身近にお手本になる人を見つけ、その人を真似すればいい。

3 望みを達成しようと努力をする人は幸せな人である。

4 実力はちょっと劣っていても真剣に取り組めば、成功できる。

問題12　次のAとBの文章を読んで、後の問いに対する答えとして最もよいものを、1・2・3・4から一つ選びなさい。

A

　人間を一番成長させるのは仕事だと信じています。嫌な人とも会わなくちゃいけない。期日までにやらなくてはいけないし、責任も問われる。人間としていろいろな宿題を出されて、常にその答えを出してリポートを出し続ける——。それが仕事だと思います。でもひとつひとつ成し遂げていくと、神様ってとってもすばらしいご褒美をくれます。それは充実感。これは、仕事以外では得られない喜びじゃないかな、と思います。そう思って私も日々頑張っています。

B

　仕事もプライベートも、人生を楽しく生きるためにはカラダが資本。でも、ついつい自分の身体の声を聞かずに無理をしていませんか？特に、働く女性達は「頑張り屋」が多い。ゆえに早く結果を出そうと、若さゆえの体力任せでカラダやココロを壊すケースも…。

　そこで、より豊かで幸せな人生を送るために、自分で自分の人生を「マネジメント」する術を身につけていきましょう。1日5分でできる、「人生を変えるカラダづくり」のスタートです。

69 ＡとＢは講座の紹介である。この二つの講座のタイトルとして正しいのはどれか。

1　Ａは「女性も仕事に夢を持つ」で、Ｂは「自分の人生は自分で作りましょう」だ。

2　Ａは「仕事を通して得られる充実感」で、Ｂは「人生を変えるカラダ作り」だ。

3　Ａは「仕事から得る充実感」で、Ｂは「自分の人生を無理しないように」だ。

4　Ａは「仕事で得られない喜び」で、Ｂは「自分の人生をマネジメントする術」だ。

70 ＡとＢは、幸せに生きるために、どうすればいいと述べているか。

1　ＡもＢも、仕事を頑張って一つ一つ成し遂げたほうがいいと述べている。

2　ＡもＢも、無理せずに休んだほうがいいと述べている。

3　Ａは仕事以外のことに集中してみたほうがいいと述べ、Ｂは無理せずに休んだほうがいいと述べている。

4　Ａは仕事を頑張り続けたほうがいいと述べ、Ｂは無理をせずカラダづくりに努力したほうがいいと述べている。

問題13　次の文章を読んで、後の問いに対する答えとして最もよいものを、1・2・3・4から一つ選びなさい。

　甥達からお年玉をねだられる年齢になった。年端もいかぬ(注1)子に現金を与えることが、教育上よいのか悪いのかわからないけれど、正月くらいは四角張らなくても(注2)と、少額を与えることにしている。通常、何も言わないで手渡すが、子どもたちは、お年玉というのが普段の小遣いとは質的に異なるのを知っていて、おやつの菓子代にする、などということは決してない。金銭については現実的と言われる現代っ子が、神聖なものを扱うかの如く大事にしまい込むのを見ると、①何故かホッとするものである。

　私も子どもの頃、お年玉をスタートに貯金を始めては、まとまったものを買うのが楽しみだった。昭和三十年頃だったか、一年がかりで百七十円を貯めて、野球バットを買ったのを覚えている。翌年はグローブを買おうと決心し、お年玉をもとにせっせと貯め始めたが、②八月につまずいた。

　夏休みに入った六年生の私は、近所に住む一年生の鉄ちゃんと遊んでいた。と、鉄ちゃんが玄関脇の山椒の枝にものすごく大きなイモ虫を発見した。イモ虫、毛虫、みみずの類は、鳥肌の立つほど嫌いな私だが、六年生の面子を保つため、（中略）傍らに落ちていた割り箸の一本を拾い、十センチ以上もある黄緑色のイモ虫の突起だらけの腹をそれで支えて見せた。（中略）すると、イモ虫が鉄ちゃんの、首の後ろから背中にすっぽりと飛び込んだのだった。（中略）無我夢中で引っ張ると、何とイモ虫はちぎれてしまった(注3)。慌てた私は再びちぎりまたちぎり、結局はぐちゃぐちゃしたものを何度もか

きださねばならなかった。真っ赤になって泣き続ける鉄ちゃんのシャツも、蒼白になってかきだす私のシャツも、べっとりと緑に染まっていた。

（中略）

翌日になって母にこっぴどく（注4）叱られた。鉄ちゃんの母親は抗議にきたという。母は、③私の責任だからと、貯金箱から虎の子の百円を抜き出させ、ブドウを買ってお詫びに行った。可愛い鉄ちゃんに対して何の悪意もなかったのに、身の毛のよだつ（注5）作業をした上、夢のグローブまで失うという結果になったのはどう考えても恨めしかった。

お年玉の季節がまたやって来た。あれほど見事なイモ虫は、以後お目にかかっていない。この頃では、小さなイモ虫さえ見掛けなくなった。あの時のイモ虫ばかりが、心の中で年毎に見事さを増して行く。

（注1）年端もいかぬ：幼い、大人になっていない

（注2）四角張る：堅苦しい態度をとる

（注3）ちぎれる：細かくばらばらになる

（注4）こっぴどく：ひどく

（注5）身の毛がよだつ：恐怖のために、身の毛が逆立つ

71 ①「何故かホッとするものである」とあるが、何についてホッとしたのか。

　　1　甥達にお年玉を要求されて与えたこと

　　2　金銭に現実的な子どもたちがお年玉をおやつのお菓子代にしたこと

　　3　金銭に現実的だといわれる子どもたちが、お年玉を大事に扱っていたこと

　　4　お年玉を小遣い同様に使う子どもたちのこと

72 ②「八月につまずいた」とあるが、つまずいた原因は何か。

　　1　気に入ったグローブを買ったから

　　2　鉄ちゃんのお見舞いに使ったから

　　3　泣き続ける鉄ちゃんをなぐさめるために、お金をあげたから

　　4　鉄ちゃんへのお詫びにブドウを買ったから

73 ③「私の責任だから」とあるが、何を指しているか。

　　1　イモ虫をちぎって、鉄ちゃんを泣かせたこと

　　2　鉄ちゃんをけがさせたこと

　　3　イモ虫をぐちゃぐちゃにしたこと

　　4　鉄ちゃんのシャツがべっとりと緑に染まったこと

問題14　次は、あるスポーツクラブの入会案内である。下の問いに対する答えとして、
　　　　最もよいものを1・2・3・4から一つ選びなさい。

[74] サラリーマンの田村さんは週末にテニスクラブに行きたいと思っている。入会時
にいくら支払わなければならないか。

1　10,150円　　　　2　17,150円　　　　3　20,300円　　　　4　27,300円

[75] キムさんは、3年前に入会し、現在「一般 B」を受講している。10月から「一般 A」
に変わりたいと思っているが、キムさんはどうしなければならないか。

1　9月20日までに、手数料500円を支払い、手続きをする。

2　9月20日までに手続きをする。手数料は要らない。

3　9月15日までに、手数料500円を支払い、手続きをする。

4　9月15日までに手続きをする。手数料は要らない。

TABテニスクラブ　入会案内

　当クラブの指導者はみんな親切で、テニスの経験がない方も安心してレッスンをお楽しみいただけます！まず、ご自分に合うクラスをお決めいただきます。

入会時のお支払いについて

ご入会の際に、入会金(5,000円)、年会費(2,000円)、8回分の受講料をお支払いください。ラケットをお持ちでない方には、無料でレンタルいたします。

受講料について（週1回×8週間）　　レッスン時間: 90分　　※保険・消費税を含む

コース	時　間	受講料
キッズ(5歳～12歳)	平日昼間	6,100円
中学生・高校生		16,300円
一般 A		18,700円
一般 B	平日夜間・土日	20,300円

※レッスンの時間割は別紙をご確認ください。

割引について

　複数の割引は同時に適用できません、いちばん条件のいい割引が一つ適用されます。

種類	適用対象	割引内容
新規入会割引	「一般 A」「一般 B」の新規会員	初回期の受講料を半額とします。
ダブルレッスン割引	二つのコースを受講する方	2クラス目以降の受講料が半額とします。（料金の違うクラスを受講する場合は、料金が高いほうを半額とします。）
紹介者割引	新規の受講生（ご友人やご家族）を紹介する方	紹介者へ5,000円の現金をさしあげます。

振替レッスンについて

自己都合でのお休みや、雨天により中止になる場合もありますので、その代わりとして振替レッスンをほかのクラスにて受講していただきます。

各種手続きについて

以下の場合は、期日までに受付でお手続きください。

コースの変更	変更したい月の前月15日まで
退会(クラブをやめる場合)	最終受講月の前月20日まで
休会(クラブを1か月以上休む場合)	休会したい月の前月25日まで

※手数料は500円です。ただし、新規会員の場合は無料です。

TABテニスクラブ

北山市中森町5-4

電話: 06-4123-8954

模擬テスト

第３回

聴　解

（50分）

問題1

問題1では、まず質問を聞いてください。それから話を聞いて、問題用紙の1から4の中から、最もよいものを一つ選んでください。

1番

1　薬を買いに行く
2　机を組み立てる
3　カーテンを外す
4　部屋を掃除する

2番

1　招待客の名簿を確認する
2　日にちを決める
3　会場を予約する
4　機材を手配する

3番

1　ほかの店に取りに行く
2　二週間後にまた来る
3　後でまた来る
4　時間がかかりますので諦める

4番

1　申請用紙に記入する→保険課に出す→学生課に取りに行く→証紙を貼る
2　保険課に出す→申請用紙に記入する→証紙を貼る→学生課に取りに行く
3　申請用紙に記入する→証紙を貼る→保険課に出す→学生課に取りに行く
4　申請用紙に記入する→保険課に出す→証紙を貼る→学生課に取りに行く

5番

1　書類を書く
2　書類の書き方を教える
3　書類を見る
4　書類を持っていく

問題2

問題2では、まず質問を聞いてください。そのあと、問題用紙のせんたくしを読んでください。読む時間があります。それから話を聞いて、問題用紙の1から4の中から、最もよいものを一つ選んでください。

1番

1 子どもの笑顔を見ること
2 子どもの成長を感じられること
3 保護者に感謝されること
4 いい給料をもらうこと

2番

1 一人暮らしがしたかったから
2 世の中の役に立ちたかったから
3 人の世話をするのが好きだったから
4 別にこれといった理由はありません

3番

1 多くの数字を使って人に恐怖を与えるから
2 人を早死にさせようとするから
3 人を怖がらせて禁煙させようとするから
4 健康の大切さを数字をもって教えようとするから

4番

1 仕事の効率が上がるから、さんせいだ
2 仕事の効率が下がるから、反対だ
3 自由な時間が増えるから、さんせいだ
4 長時間労働になるから、反対だ

5番

1 天気予報で晴れだといったから
2 今朝は天気がよかったから
3 友達に返してもらった傘が会社にあったから
4 山田さんに貸してあげたので、傘がなかったから

6番

1 アニメ制作の仕事をしたいから
2 日本の商社にしゅうしょくしたいから
3 仕事をするのに十分ではないから
4 日々の生活に不自由を感じているから

問題3では、問題用紙に何もいんさつされていません。この問題は、全体としてどんな内容かを聞く問題です。話の前に質問はありません。まず話を聞いてください。それから、質問とせんたくしを聞いて、1から4の中から、最もよいものを一つ選んでください。

―メモ―

もんだい
問題4

問題4では、問題用紙に何もいんさつされていません。まず文を聞いてください。それから、それに対する返事を聞いて、1から3の中から、最もよいものを一つ選んでください。

―メモ―

もんだい
問題5

問題5では、長めの話を聞きます。この問題には練習はありません。
問題用紙にメモをとってもかまいません。

ばん
1番

問題用紙に何もいんさつされていません。まず話を聞いてください。それから、質問とせんたくしを聞いて、1から4の中から、最もよいものを一つ選んでください。

―メモ―

2番^{ばん}

　まず 話^{はなし}を 聞^きいてください。それから、二^{ふた}つの 質問^{しつもん}を 聞^きいて、それぞれ問題用紙^{もんだいようし}の1か ら4の 中^{なか}から、最^{もっと}もよいものを一^{ひと}つ選^{えら}んでください。

質問^{しつもん}1
1　家族^{かぞく}
2　宗教^{しゅうきょう}や信仰^{しんこう}
3　友人^{ゆうじん}、仲間^{なかま}
4　近所^{きんじょ}づきあい

質問^{しつもん}2
1　家族^{かぞく}
2　宗教^{しゅうきょう}や信仰^{しんこう}
3　友人^{ゆうじん}、仲間^{なかま}
4　近所^{きんじょ}づきあい

模擬テスト

第４回

言語知識（文字・語彙・文法）・読解

（105分）

言語知識（文字・語彙）

問題1 ＿＿＿＿の言葉の読み方として最もよいものを、1・2・3・4から一つ選びなさい。

1 会場には拍手が響いた。

　　1　かわいた　　　2　うごいた　　　3　ひびいた　　　4　えがいた

2 渡る世間に鬼はない。

　　1　よなか　　　　2　せけん　　　　3　せなか　　　　4　せっけん

3 彼は腹を立てる様子もなく始終にこにこしていた。

　　1　ししゅ　　　　2　ししゅう　　　3　しじゅ　　　　4　しじゅう

4 私は煙くて匂いがつきまとうような焼肉屋が好きだ。

　　1　かたくて　　　2　けむくて　　　3　まずくて　　　4　ねむくて

5 この峠を越えなければ、これからの人生は始まりません。

　　1　とうげ　　　　2　はたけ　　　　3　ほのお　　　　4　まくら

問題2 ＿＿＿＿の言葉を漢字で書くとき、最もよいものを1・2・3・4から一つ選びなさい。

6 黒のスーツはだいたい誰が着てもそこそこかっこうよく見えるのだ。

　　1　格交　　　　　2　格好　　　　　3　格行　　　　　4　格高

7 男の人は頭を殴られ、意識不明のじゅうたいとなった。

　　1　渋滞　　　　　2　柔体　　　　　3　柔態　　　　　4　重体

8 お年寄りは足腰が弱く、ころんだら骨折しやすい。

　　1　転んだ　　　　2　跳んだ　　　　3　飛んだ　　　　4　倒んだ

9 さいふをなくした時に、真っ先にやっておきたいのがカード類の停止だ。

　　1　才布　　　　　2　財富　　　　　3　才富　　　　　4　財布

10 私は運動などで体が熱くなると顔がまっかになってしまう。

　　1　真っ黒　　　　2　真っ白　　　　3　真っ赤　　　　4　真っ青

問題3　(　　　　)に入れるのに最もよいものを、1・2・3・4から一つ選びなさい。

11 この桃は柔らかくなったので、そろそろ食べ(　　　　)だ。
　　1　時　　　　　　2　間　　　　　　3　頃　　　　　　4　期

12 山田さんは田舎(　　　　)だ。
　　1　育ち　　　　　2　過ごし　　　　3　生き　　　　　4　始まり

13 わがチームは(　　　　)決勝で負けて、決勝進出を逃した。
　　1　半　　　　　　2　準　　　　　　3　中　　　　　　4　補

14 先週北京へ行ったとき、友だちが案内(　　　　)をつとめてくれた。
　　1　長　　　　　　2　務　　　　　　3　師　　　　　　4　役

15 新幹線の指定(　　　　)の予約はネットでも可能になった。
　　1　座　　　　　　2　位　　　　　　3　席　　　　　　4　先

問題4　(　　　　)に入れるのに最もよいものを、1・2・3・4から一つ選びなさい。

16 学生ごろの甘い考えは厳しい社会で(　　　　)しないものが多い。
　　1　共通　　　　　2　通用　　　　　3　共用　　　　　4　同様

17 朝ごはんを(　　　　)と脳のエネルギーが不足して集中力が低下する。
　　1　ぬく　　　　　2　はく　　　　　3　ひく　　　　　4　ふく

18 あまり(　　　　)せずに、自分のペースで頑張ろうと思う。
　　1　無限　　　　　2　無駄　　　　　3　無理　　　　　4　無数

19 大阪出張のついでに、京都まで足を(　　　　)紅葉狩りに行った。
　　1　ひっぱって　　2　のばして　　　3　はこんで　　　4　あらって

20 学校と駅の間を(　　　　)しているバス路線がある。
　　1　復帰　　　　　2　復元　　　　　3　回復　　　　　4　往復

21 海外旅行ではさまざまな文化に触れ、視野も(　　　　)なった。
　　1　あたらしく　　2　ふとく　　　　3　ひろく　　　　4　とおく

22 ゴールデンウィークなどの大型連休になると、生活の(　　　　)が崩れやすい。
　　1　リズム　　　　2　ガム　　　　　3　ジャム　　　　4　ダム

23 自分のミスで迷惑をかけたことを詫びた。

1 説いた　　　　　2 謝った　　　　　3 撫でた　　　　　4 解いた

24 この法律の実施は交通事故を減らすのにゆうこうだ。

1 よく効く　　　　　　　　　　　2 効果がない

3 時間の制限がある　　　　　　　4 時間がかかる

25 試験勉強なんて、ばからしいと思います。

1 やむをえない　　　　　　　　　2 めずらしい

3 くだらない　　　　　　　　　　4 みっともない

26 これは人気商品だから、たちまち売切れてしまう。

1 しばしば　　　　2 ゆっくり　　　　3 すぐに　　　　4 さらに

27 熱いならクーラーをつけましょう。

1 冷房　　　　　2 暖房　　　　　3 窓　　　　　4 テレビ

問題6 次の言葉の使い方として最もよいものを、1・2・3・4から一つ選びなさい。

28 工夫

1 使いやすいようにいろいろと工夫している。

2 牛肉をおいしく作るには、けっこう工夫がかかる。

3 卒業まで、あまり工夫がないのだ。

4 彼には工夫の才能がある。

29 見事

1 この湖の水は見事でそのままで飲んでもかまわない。

2 うちのチームは見事に優勝した。

3 彼女は見事な顔をしている美人だ。

4 彼はいつも見事なアドバイスをしてくれる友人だ。

30 はきはき

1 犯人が誰なのかまだはきはき分からない。

2 この子はどんな質問でも、はきはきと答えられる。

3 前から言いたかったことが言えてはきはきした。

4 久しぶりに帰った故郷ははきはきと変わっていた。

31 たまたま

1 たまたま通りかかった道で、お年寄りが倒れているのを見かけた。

2 ここは少年がたまたま来て撮影するところだ。

3 新人の山田さんはたまたま注意しても同じ失敗を繰り返す。

4 ここは月に1回ぐらいたまたま来るお店だ。

32 乗り過ごす

1 東京駅で地下鉄に乗り過ごして、30分ぐらいで着くだろう。

2 満員のため、バスは止まらず乗り過ごした。

3 小説に夢中になって、うっかり乗り過ごした。

4 終電に乗り過ごしたので、タクシーで帰るしかない。

言語知識（文法）

問題7　次の文の（　　　　）に入れるのに最もよいものを、1・2・3・4から一つ選びなさい。

33 引っ越しの時に子どもの頃のおもちゃを捨てようと思っていたが、思い出のものばかりで（　　　　）捨てられなかった。

1　どうやって　　　2　このように　　　3　どうしても　　　4　それなりに

34 イベント当日は、あいにくの雨（　　　　）、おおぜいの人が集まった。

1　にもかかわらず　　　　　　　　　2　にさいして
3　にはんして　　　　　　　　　　　4　においても

35 これは悩んで悩んで悩み（　　　　）出した結論です。

1　かねて　　　　2　ぬいて　　　　3　かけて　　　　4　つつ

36 佐藤先生（　　　　）お変わりなくお過ごしのことと存じます。

1　のこと　　　　2　では　　　　3　といって　　　　4　には

37 このメーカーの製品は、性能（　　　　）、デザイン性も優れている。

1　はもちろん　　　2　のはんめん　　　3　はともかく　　　4　としては

38 事件現場に残された足跡が大きい（　　　　）、どうやら犯人は男らしい。

1　ことだから　　　2　ことから　　　3　ものだから　　　4　ものから

39 みんなの期待（　　　　）、高橋選手は見事に優勝を果たした。

1　をこめて　　　2　にこたえて　　　3　をはじめ　　　4　によって

40 一年も何の連絡もない彼を、もう（　　　　）。

1　待ってはいられない　　　　　　　2　待ってはしようがない
3　待ってならない　　　　　　　　　4　待たないではいられない

41 試験の前日になっても、遊んでばかりいる（　　　　）、合格できるわけがない。

1　ならでは　　　2　ままでは　　　3　ことでは　　　4　ようでは

42 （研究室で）

学生「先生、来月の研究会で発表するレポートのことですが、先生のご意見を
（　　　　）ありがたいんですが。」

先生「はい。ええと、じゃ、メールで送ってきてください。」

1　聞かせていただければ　　　　　2　聞いていただければ

3　聞かせていただいても　　　　　4　聞いていただいても

43　（台所で）

娘「鍋の火を止めようか?」

母「パパがすぐ帰ってくるから、（　　　　　）。」

娘「わかった。弱めておくね。」

1　止めておいて　　　　　　　　　2　止めるしかない

3　止めずにおいて　　　　　　　　4　止めたままにして

44　課長「田中くん、入社したばかりだから、仕事の内容を一気に全部（　　　　　）よ。

　　　　やっていくうちに身につくと思うから。」

田中「はい、わかりました。」

1　覚えようとしてはいけない　　　2　覚えようとしなくてもいい

3　覚えるようにしてはいられない　4　覚えるようにしてほしい

問題8　次の文の　＿＿＿★＿＿＿に入る最もよいものを、1・2・3・4から一つ選びなさい。

（問題例）

あそこで　＿＿＿＿＿　＿＿＿＿＿　＿＿★＿＿　＿＿＿＿＿　は山田さんです。

　　1　テレビ　　　　2　見ている　　　3　を　　　　4　人

（解答のしかた）

1. 正しい文はこうです。

あそこで　＿＿＿＿＿　＿＿＿＿＿　＿＿★＿＿　＿＿＿＿＿　は山田さんです。
1 テレビ　　3 を　　　　2 見ている　　4 人

2. ＿＿★＿＿に入る番号を解答用紙にマークします。

　　（解答用紙）　（例）　①　●　③　④

45　（カフェで）

店員「店長、5月にみどり公園でコーヒー祭りが行われるらしいですね。」

店長「ええ、今年はうちも1日カフェを ＿＿＿＿＿ ★ ＿＿＿＿＿ ＿＿＿＿＿ 思います。」

　　1　開いて　　　　2　どうか　　　　3　と　　　　　4　みては

46 この実験をする ＿＿＿＿＿ ＿＿＿＿＿ ★ ＿＿＿＿＿ ことがある。

　　1　注意せねば　　2　にあたって　　3　ならない　　4　いくつか

47 この映画のストーリーは ＿＿＿＿＿ ＿＿＿＿＿ ★ ＿＿＿＿＿ 基づいて

いる。

　　1　本当に　　　　2　事件に　　　　3　イタリアで　　4　起きた

48 彼女の演奏には ＿＿＿＿＿ ＿＿＿＿＿ ★ ＿＿＿＿＿ ものがある。

　　1　感動させる　　2　聞くものを　　3　素晴らしい　　4　なにか

49 夏休みの旅行 ＿＿＿＿＿ ＿＿＿＿＿ ★ ＿＿＿＿＿ 、日焼け止めだろう。

　　1　といえば　　　2　に　　　　　　3　もの　　　　4　欠かせない

問題9　次の文章を読んで、文章全体の内容を考えて、 **50** から **54** の中に入る

最もよいものを、1・2・3・4から一つ選びなさい。

以下は、雑誌のコラムである。

商談を兼ねた食事、つまりビジネスに関する交渉をすると快楽的な脳内物質である
ベータエンドルフィンが分泌されるらしい。気分がよくなって商談がまとまりやすい
のだ。酒が入るとさらにリラックスして、理性の制御が弱くなり、率直な言動を示す
ようになり、人間性も露呈されるので、お互いを知る **50** 好都合である。

また商談における食事は、自分が相手をどのくらい重要視しているか、また相手か
らどのくらい重要視されているかを測る機会にもなる。やっとの思いでアポを取った
大切な取引先を、どんな食事でもてなすか。それはビジネスマンにとっていつも頭を
悩ます **51** 。料理の質やカテゴリーは実にさまざまだから、相手によって、また相
手と自分の関係性によって「最適」を考える必要がある。

「最適」なもてなしの **52** 必要なのはレストランガイドではなく、情報と誠意
だ。三つ星のフレンチ(注1)か「吉兆」(注2)に接待すればとりあえず場所は間違いないかも
しれない。だが予約が困難でしかも高価だし、権威や美食が嫌いな人もいる。

あまり親しくない相手と寿司屋のカウンターで横並びに坐るのは案外白けるし、鍋を囲
むのは家庭的すぎるし、エスニック(注3)料理などで相手の好みを読み違えると **53** 。

最終的に重要なのは、レストラン・料理屋のランクや種類ではなく、もてなす側の
誠意が相手に　54　だと思う。

（注1）フレンチ：フランス料理
（注2）「吉兆」：日本料理の料亭
（注3）エスニック：民族風

50

1　のは　　　　　　2　には　　　　　　3　だが　　　　　　4　では

51

1　問題ではない　　　　　　　　　　2　問題ではないだろうか
3　問題にはならない　　　　　　　　4　問題ではないだろう

52

1　ために　　　　　　2　せいに　　　　　　3　ように　　　　　4　おかげで

53

1　二度とないチャンスがまわってくる
2　喜ぶかもしれない
3　あやまるよりほかない
4　取り返しがつかない

54

1　満足するべき　　　　　　　　　　2　望む次第
3　伝わるかどうか　　　　　　　　　4　願うわけ

読　解

問題10　次の（1）から（5）の文章を読んで、後の問いに対する答えとして最もよいものを、1・2・3・4から一つ選びなさい。

（1）

　医のアートとは、コンピューターで分析できる数量的なものではなく、その人でなくてはできないような技、配慮、判断力を含めた、技術の適応のプロセスを言う。医のアート（技）の内容の深さは、数量として測ることができず、サイエンスにはならない。しかし、近代医学の中に改めて確立しなければならない重要なファクター(注)である。医のアートは、患者や住民から音楽や美術のように批評を受けるべきものなのである。

（注）ファクター：要素

55　「医のアート」とあるが、その内容と合っているものはどれか。
　　1　判断力や技などを含めた医者の腕
　　2　医者の人柄と資格を総合的に評価できるもの
　　3　医学改革において一番重要なもの
　　4　患者や住民に批判されるべきもの

（2）

　以下は、別の課の社員から受け取ったメールである。

宮本課長

お疲れ様です。
森です。
ご存知かと思いますが、4月1日付で
営業課から広告課へ異動になります。

4月3日（月曜日）以降の連絡先は、
広告課
電話：06-4123-7841

後任の木村にしっかりと引き継ぎをいたしました。

今後は、木村へご指導いただきますよう、よろしくお願い申し上げます。

宮本課長には、特に新商品発表会の件で大変お世話になりました。

お忙しい中ご指導くださり、感謝の気持ちでいっぱいです。

その経験を活かし、新しい部署では気持ちを新たに、全力を尽くします。

今後とも変わらぬご指導ご鞭撻のほど、よろしくお願いいたします。

営業課　森

56　このメールで伝えたいことは何か。

1　自分が異動になるのを知らせること

2　異動後の新しい連絡先を教えること

3　仕事を引き継ぐ同僚を紹介すること

4　お世話になったことを感謝すること

（3）

　自分の判断ミスによって、失敗した時。こんな時に必要なものはなにか。それは「自己肯定力」である。ミスをしたのに、自己を肯定してどうするんだ、という考え方もあるだろう。だが、実は「自己否定」が強いほど、自分のミスを認められないものなのだ。自己肯定力が強いということは、ちょっとやそっとのことでは自己が動じないということだ。だから、ミスを認めても、自分自身の存在は揺るぎない。一方、自己否定の強い人間は、自分に自信がないので、少しのことでグラついてしまう(注)。だからかえってミスを認めようとせず、自己正当化に走るのだ。

（注）グラつく：揺れる

57　筆者が最も言いたいことはどれか。

1　ミスをしたときには、素直に自分を否定すべきである。

2　人は自分を肯定してはじめて、ミスに直面することができる。

3　ミスを認めたからといって、自分を否定することにはならない。

4　人は自分を客観的に判断することが必要だ。

（4）

　　以下は、会社の先輩から届いたメールである。

田中さん

明日は、取引先工場見学で一日留守にします。

以下、引き続きをよろしくお願いします。

・支店長会議の準備

出席者の人数確認、昼食のお弁当・飲み物の手配

お弁当はいつもの店で。予備として二つ多く頼んでください。

・資料の印刷を総務部へ依頼

出来上がりを「あさっての午後一」と指定してください。

・週報を作成する→業務部へ報告

報告の締め切りは2時まで、時間厳守でお願いします。

・部長の海外出張の飛行機・ホテルの手配

明日は予約開始日です。この時期は込んでいるので、飛行機だけは朝一で予約してください。

佐藤

58　メールの内容に合っているものはどれか。

　　1　あさっての午後、田中さんは資料の印刷を総務部に頼む。

　　2　明日の午前、田中さんは週報を作成して業務部に提出する。

　　3　明日、田中さんは出勤してすぐ飛行機のチケットを予約する。

　　4　今日、田中さんはいつもの店で弁当を二つ頼む。

（5）

　　成功というものは、あくまでも努力と勉強が前提になっているものである。日々自分を高める努力をした結果、一つの成果が得られる。それが仕事の、いや人生の基本である。したがって、人間としてもっとも不幸なことは、努力もせずに成功を手に入れることではないかと思う。たまたま手に入った成功は、決して長続きするものではない。し

かし、それに気がつかず、再び成功が天から降ってくるのを努力もせずに待つようになる。僥倖などたびたびあるはずもないのに、なんと愚かな姿だろう。

<u>59</u> 筆者が一番言いたいことはどれか。

1 努力したからこそ成功できる。

2 努力もせずに成功を手に入れたのは不幸だ。

3 偶然の成功は幸運だとしか言いようがない。

4 努力をしなくても成功できる人は幸せだ。

問題11 次の（1）から（3）の文章を読んで、後の問いに対する答えとして最もよいものを、1・2・3・4から一つ選びなさい。

（1）

最近の若い人たちの中には、注意されてムッとする人がいます。人に叱られたり注意されたりした経験が乏しいからでしょう。

近ごろは学校の先生もあまり叱りません。学校教育や家庭教育はこのへんに問題がありそうです。注意されることに免疫ができていないから、すぐにキレてしまい、校内暴力が起きたりする。

会社では、上司や先輩がいろいろな形で注意や忠告をします。①部下はどういう態度で聞くべきでしょうか。

素直に耳を傾けて「よく言ってくれた」と感謝する。これが正解だと私は思います。注意され反省することによって、自分が一つ進歩するきっかけが得られるからです。

私はもともと、人から注意されることを少しも嫌だとは思わない性質で、自分の気づかないマイナスを指摘してもらえたのだから、むしろ「良かったな」と思ってきました。運が良いのは、②この性格によるところも大きいような気がします。

人は生まれついたときから物事を知っているわけではありません。人の言うことや勉強したこと、経験などを糧にしながら成長していくものです。ですから注意や忠告されたら、自分が成長する機会を与えられたと思わなくてはいけません。

<u>60</u> ①「部下はどういう態度で聞くべきでしょうか」とあるが、その答えとして正しいものはどれか。

1 嫌とは思いながらも、反省すべきだ。

2 ただの注意や忠告を聞くだけでなく、このような注意や忠告が正しいか、自分で判断する必要がある。

3　反省まではいかないが、自分を高めるために努力すべきだ。

4　自分の気づかないところを指摘してくれたのだからよかったと思うべきだ。

61　②「この性格によるところも大きいような気がします」とあるが、その説明について、正しいのはどれか。

1　注意や忠告を素直に聞くことによって、成長するチャンスをもらった。

2　注意を嫌とは思わないことによって、自分を注意した人と友達になれた。

3　他人のアドバイスを聞くことによって、いろいろな幸運を招いてきた。

4　注意や忠告されて、性格も謙虚になってきた。

62　文章の内容と合っているものはどれか。

1　近ごろの学生は親や学校の先生に叱られることが少なくなってきたので、キレることもなくなった。

2　叱られるからこそ、成長できるという態度で、人の注意や忠告に耳を傾けるべきだ。

3　最近の若者は甘やかされて育ったので、会社で上司や先輩に叱られると、すぐキレてしまう。

4　学生は注意されることに免疫ができているので、キレたり、暴力をふるったりすることも珍しくない。

（2）

　謝罪そのものはそれほど難しいものではない。「ごめんなさい」と、うつむき加減で、神妙な顔で言えばいい。それなのになぜか「謝罪」が話題になることが多くなった。企業や政治家の不祥事が多発し、謝罪でミスを犯すと命取りになる例が増えているからだろう。ワシントンと桜の木という有名なエピソードがある。父親の大切にしていた桜の木を子どもだったワシントンが切ってしまった。怒る父親に対し、わたしがやりましたとワシントンは正直に告白した。お前の正直さが千本の桜より価値がある、と父親はワシントンをとがめずに逆にほめた。

　このエピソードは真実ではないという説もあるようだが、①謝罪について考える好例だと思う。重要なのは、ワシントンは謝罪はしていないということだ。ワシントンは「わたしが木を切りました」と、正直に告白しただけで、ごめんなさいと謝ったわけではない。人身事故のように、相手を傷つけた場合、また雑踏事故のように相手の足を踏んだりした場合など、ことの経緯がはっきりしている場合が例外で、すぐにまず謝るべきだが、ビジネスの上でのトラブルが発生した場合、または何らかの疑いが生じたときは、この経緯と自分がどう関与したかを明らかにするのが先決だ。②単に謝ればいいわけではない。

そもそも何が起こったのか、自分はどう関与したのか、責任は誰にあるのか、損害を把握しているのか、どのような対応をしたのか、事態は解決に向かっているのか、いつ解決するのか、再発防止のためにどのような対策を取るのか、損害賠償について具体的にどう考えているのか、今回のトラブルに対し誰がどういう責任をとるのか、そういったことをできるだけ速やかに明らかにすることが、（　　③　　）。

63 ①「謝罪について考える好例だと思う」とあるが、なぜ「好例」だと言っているのか、その説明として、文章の内容に合っているものはどれか。

1　ワシントンは父親に素直に謝罪し、許してもらったから

2　正直に自分のあやまりを認めることで、父親にほめられたから

3　「ごめんなさい」とひとことで謝ることで、父親に許してもらったから

4　謝罪するより自分のしたことを正直に告白する行為が、父親に認められたから

64 ②「単に謝ればいいわけではない」とあるが、その説明として、正しいのはどれか。

1　人身事故などを起こした場合、謝罪するより、まず賠償するのがいい。

2　謝る前に自分が事故やトラブルに関与した経緯を明らかにすべきだ。

3　雑踏事故など、相手を傷つけた場合、謝るだけで済むことではない。

4　再発防止対策を明確に示さない限り、謝罪しても問題解決につながらない。

65 （　　③　　）に入れる言葉として、正しいのはどれか。

1　謝罪よりもはるかに重要である

2　決して重要ではあるまい

3　何より重要なのは言いすぎかもしれない

4　重要だとしか言いようがないだろう

（3）

「他人に迷惑をかけない限り人は自由に自分の欲望を満たしてよい」というのは、近代自由主義社会の原則である。個人主義の浸透した都市社会では、社会で生きていくための倫理的な指針としては、この原則だけが唯一リアリティーのあるものとして感じられるようになっている。

だが、この原則は、社会的なルール感覚や人と人との間を結ぶ絆を培うための必要最低限の条件にすぎず、①決してそれらを充実した豊かなものにさせることにとって十分な条件ではない。

どういうことか、もう少し詳しく説明しよう。

まず、ある人の行為なり意志表示なりが、その近くにいる他者に何らかの好ましからざる影響を与えた場合、②それが「迷惑」という範疇に入る事柄であるかどうか、検討

する必要がある。たとえば少年が万引きする。これを補導する警察官は、公共の秩序を守る職務に則って少年に対処するだけであるから、警察官自身の心がそれによって大きく傷つくということはほとんどありえない。（　　③　　）、少年の母親は、少年との情緒的な絆を大切にしているから大いに悲しむであろう。

　また、積極的な言動でなくても「何もしないこと、ただそこにいること」が身近な他者に心理的な悪影響を及ぼすこともありうる。たとえば、大学生の息子が、学校にもいかずに午後まで寝ているような場合、親は大変イライラする。

　このようなことになるのは、身近の他者同士は、暗黙の信頼や了解や期待があり、それらが裏切られる時に、相手はメンタルな動揺（どうよう）を被（かぶ）る。さて、これは「迷惑」と呼ぶことが適切であろうか。

66 ①「決してそれらを充実した豊かなものにさせることにとって十分な条件ではない」とあるが、なぜそういうのか。
1　人間関係は、「迷惑」とははっきり規定できない微妙な摩擦や心理状態に左右される面が大きいから
2　身近の他者に対する配慮や想像力が一種の美的感覚として考慮されていないから
3　自分の欲望を満たすことは「関係のない他人」への迷惑になるから
4　「近代自由主義原則」には人間関係の豊かさの度合がはっきり現れていないから

67 ②「それが『迷惑』という範疇に入る事柄であるかどうか、検討する必要がある」とあるが、なぜか。
1　他人への迷惑は感覚的なものであることもあって、避けられないから
2　他人に迷惑をかけずに生きることが近代自由主義社会においてはありえないことだから
3　他人の迷惑になるかどうかより人権（じんけん）を侵害（しんがい）しているかどうかがもっと大切だから
4　他人の迷惑にならないことでも人間関係を損なうことがあるから

68 （　　③　　）の中に入れる言葉として、正しいのはどれか。
1　さて　　　　　　2　しかし　　　　3　それとも　　　4　にもかかわらず

問題12　次のＡとＢの文章を読んで、後の問いに対する答えとして最もよいものを、
　　　　1・2・3・4から一つ選びなさい。

A

　言い訳がましい人は、自分を正当化したい気持ちが言動に強く表れます。「できる
人だと思われたい」「人に嫌われることが怖い」と感じる人に多く見られる傾向です。
自分を正当化したい気持ちから、自分の印象や立場が悪くなることを避けたい心理が
働きます。事実を素直に認められず、自分が悪くないことを強調したいために言い訳
を並べてしまうのです。言い訳がましい自分を変えるためには、自分の行動に責任を
持って、「でも」「だけど」を避けて素直に謝罪の言葉を述べてみましょう。そして、言
い訳をしそうになったら、グッと我慢することも大切です。

B

　なぜ「言い訳」する人にはよい印象を抱かないのでしょうか。まず言い訳とは、自分
が「悪くない」ということをアピールする手段で、ふとした時に誰でも抱く気持ちで
す。しかしそうすると、原因を無視することになり、本来自分が注意しなければなら
ないことに気づかないままになってしまいます。失敗した時に言い訳して、原因を他
のものになすりつける行為は、自分が正しいと思い込む行為です。すると思考はその
段階でストップするので、自分を成長させることはできないのです。言い訳がましい
自分を改善するためには、必ず謝罪の言葉を述べてから、相手を主体にして自分の考
えを冷静に伝えます。間違いを認められる人は、他人にも同様に余裕を持って接する
ことができるはずです。

模擬テスト第4回

69　言い訳がましい人が言い訳する時の気持ちについて、ＡとＢはどのように述べて
　　　いるか。
　　1　ＡもＢも自分を正当化したい気持ちだと述べている。
　　2　ＡもＢも失敗を相手のせいにしたい気持ちだと述べている。
　　3　Ａは真摯に向き合いたい気持ちだと述べ、Ｂは自分の間違いを認めたい気持ち
　　　だと述べている。
　　4　Ａは自分が悪くないことを強調したい気持ちだと述べ、Ｂは自分の考えを冷静
　　　に伝えたい気持ちだと述べている。

70　言い訳がましい自分を変えるために、ＡとＢが共通して大切だと述べていること
　　　は何か。

1 自分の行動に責任を持つこと

2 失敗の原因を明らかにすること

3 相手に素直に謝ること

4 言いたいことをはっきり言うこと

問題13 次の文章を読んで、後の問いに対する答えとして最もよいものを、1・2・3・4から一つ選びなさい。

どの分野でも、誰もが「あいつはできる」と認めざるを得ない人間が必ずいます。ビジネスの世界なら精力的に仕事をこなし、自分が思い描いたビジョンを着実に実現していく。現状を変革し、組織を常に成功へと導くような人たちです。

ただ、そういう①優秀な人間というのは、残念ながら、そう多くはありません。集団の構成比で言うと、せいぜい全体の5%の優秀な人間の活躍や成功を横目で見ながら、羨ましく感じたり、ひそかに悔しさを噛み締めているというのが本当のところでしょう。

（中略）

それでは、「5%の優秀な人間」と、「残りの95%の優秀でない人間」の違いはいったい何か、ということが問題になります。

人を「優秀な人間」「活躍できる人間」にするものは何か——

これについては、昔から様々なことが言われてきました。それらを分類すると、「才能」「努力」「ツキ」の三つにまとめることができます。「結局、才能ある人間が成功する」という人もいれば、「どんな天才でも努力にはかなわない」という人もいます。「ツキがなければ、天才も努力家も成功できない」という人もいます。

しかし、大脳生理学によって、この三つを超えた成功原理が明らかになってきたのです。近年になって、脳の研究は目覚しい進歩を遂げていますが、その結果、「才能」「努力」「ツキ」は、脳にインプットされた「記憶データ」に左右されていることが分かってきました。ここで注意してほしいのは、脳の出来、不出来ではなく、そこにインプットされたデータが人間の優秀さを決定するという点です。

人間の脳は、十万台のコンピューターにも及ばないほど優れた機能を持つといわれています。そうした脳の出来、すなわち精度は、優秀な人も、そうでない人もそんなに大きく変わりません。

昔は、「天才の脳にはたくさんのシワがある」「脳細胞の数が多いと頭がいい」などといわれていましたが、現在ではそれらの説は完全に否定されてます。動物の中でシワが最も多いのは人間ではなく、イルカです。確かにイルカは非常に頭のいい動物ですが、人間より優秀な脳を持っているわけではありません。

また、160億個といわれる大脳の細胞の数も、人によって差があるわけではないのです。

こうしたことを考えても、「優秀な人間」と「そうでない人間」の差は、脳の構造や精度とは違います。

（　　②　　）、問題は脳の中身です。

つまり、「今までの人生で、その人の脳に蓄えられたデータ」によって、重大な差が出てきます。

71 ①「優秀な人間」とあるが、ここではどんな人を「優秀な人間」と言っているか。

1　リーダーシップを発揮でき、会社のビジョンを実現できるような人

2　他の人にとっては難しい仕事でも簡単に解決できる才能のある人

3　向いていない仕事も努力することによって、成果をあげる人

4　運がよく、人材や資源そして資金に恵まれている人

72 （　　②　　）に入れるものとして、正しいのはどれか。

1　にすれば　　　2　ところで　　　3　とすれば　　　4　というより

73 文章の内容と合っているものはどれか。

1　「優秀な人間」はどの集団においても5％しかいない。

2　「優秀な人間」は「そうでない人」より、脳細胞の数が多い。

3　「優秀な人間」と「そうでない人間」の差は、脳の構造や精度による。

4　人の才能は「脳に蓄えられたデータ」によって、差が出てくる。

問題14　次は、ある航空会社のホームページに載っている案内である。下の問いに対する答えとして、最もよいものを1・2・3・4から一つ選びなさい。

74 北山さんは来週から5日間ヨーロッパへ旅行に行くことになった。Wi-Fiと翻訳機をレンタルしたいと思っている。機器は家まで送ってほしい。北山さんは全部でいくら払わなければならないか。

1　14,000円　　　2　15,000円　　　3　16,500円　　　4　17,000円

75 山本さんは6月22日朝8時の空港便で海外へ出張に行き、28日23時の便で日本に帰ることになった。Wi-Fiと携帯電話をネットで申し込んだが、受取と返却のために、どうすればいいか。

1　①から機器を受け取り、②に機器を返却する。

2　②から機器を受け取り、①に機器を返却する。

3　①か②から機器を受け取り、③に機器を返却する。

4　③から機器を受け取り、①か②に機器を返却する。

空飛 ABCレンタルサービス

　レンタルサービスは、使いたいときにだけ気軽に安価で利用できます。空飛 ABCでは3つのレンタルサービスをご用意しております。海外旅行やビジネス渡航の際にぜひご利用ください。

Wi-Fiレンタルサービス

通信料は安心の定額制で、1日のデータ通信量を無制限でご利用いただけます。

		レンタル料	通信料	宅配受け取り送料
日本国内		無料	1,300円/日	500円(5台まで)
海外	アジア単国タイプ		1,200円/日	
	ヨーロッパ周遊タイプ		2,000円/日	
	世界周遊タイプ		2,500円/日	

携帯電話レンタルサービス

		レンタル料	通信料	宅配受け取り送料
日本国内(国内発信)		200円/日	81円/分	500円(5台まで)
海外	アジア		290円/分	
	ヨーロッパ		270円/分	
	カナダ/アメリカ		220円/分	
	その他		260円/分	

翻訳機レンタルサービス

レンタル料	宅配受け取り送料
800円/日	500円(5台まで)

※キャンセル料：レンタル開始日の4日前以前　⇒　無料

　　　　　　　　レンタル開始日の3日前以降　⇒　1,000円/台

※お申し込みはこちらのページから

※お受取・ご返却カウンターのご案内

	カウンター名	営業時間
①	第1ターミナル1階西	7:00～20:00
②	第2ターミナル2階北	7:00～18:00
③	第2ターミナル1階東	12:00～国際線最終便到着後1時間まで

模擬テスト

第4回

聴　解

（50分）

問題1

問題1では、まず質問を聞いてください。それから話を聞いて、問題用紙の1から4の中から、最もよいものを一つ選んでください。

1番

1　ビデオカメラ→プリンター→液晶テレビ→洗濯機

2　プリンター→ビデオカメラ→液晶テレビ→洗濯機

3　プリンター→液晶テレビ→ビデオカメラ→洗濯機

4　ビデオカメラ→液晶テレビ→プリンター→洗濯機

2番

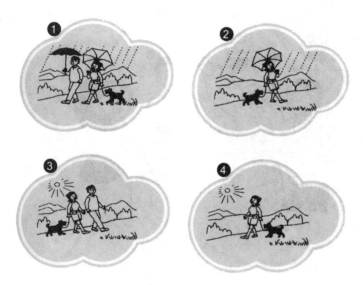

1　2 → 1 → 3 → 4

2　2 → 1 → 4 → 3

3　1 → 2 → 4 → 3

4　1 → 2 → 3 → 4

3番

1　食事に行く

2　病院に行く

3　花屋に行く

4　果物屋に行く

4番

1　映画を見に行く

2　旅行をする

3 家でのんびりする

4 友達を家に招待する

5番

1 女の人が田中さんの会社にもって行く

2 田中さんに取りに来てもらう

3 山田さんに取りに来てもらう

4 課長が渋谷にもって行く

問題2

　問題2では、まず質問を聞いてください。そのあと、問題用紙のせんたくしを読んでください。読む時間があります。それから話を聞いて、問題用紙の1から4の中から、最もよいものを一つ選んでください。

1番

1 今のアパートが環境が悪いから

2 今のアパートが不便だから

3 今のアパートが建て替えられるから

4 今のアパートが学校から遠いから

2番

1 金曜日のみなみ旅館

2 金曜日のひがし旅館

3 土曜日のみなみ旅館

4 土曜日のひがし旅館

3番

1 歩いて行く

2 バスに乗って行く

3 地下鉄でさくら駅へ行き、そこから歩く

4 地下鉄でさくら駅へ行き、そこからバスに乗る

4番

1 環境保護のため

2 コストが安いから

3 人件費が高いから

4 運賃が高いから

5番

1 操縦者の操作ミス
2 安全点検を疎かにしたから
3 ルールを守らなかったから
4 電子機器を使う人がいたから

6番

1 部屋が狭くて窮屈だから
2 料理が下手だから
3 お母さんを心配させたくないから
4 後片付けしたくないから

問題3

　問題3では、問題用紙に何もいんさつされていません。この問題は、全体としてどんな内容かを聞く問題です。話の前に質問はありません。まず話を聞いてください。それから、質問とせんたくしを聞いて、1から4の中から、最もよいものを一つ選んでください。

―メモ―

問題4

　問題4では、問題用紙に何もいんさつされていません。まず文を聞いてください。それから、それに対する返事を聞いて、1から3の中から、最もよいものを一つ選んでください。

―メモ―

問題5では、長めの話を聞きます。この問題には練習はありません。

問題用紙にメモをとってもかまいません。

1番、2番

問題用紙に何もいんさつされていません。まず話を聞いてください。それから、質問とせんたくしを聞いて、1から4の中から、最もよいものを一つ選んでください。

— メモ —

3番

まず話を聞いてください。それから、二つの質問を聞いて、それぞれ問題用紙の1から4の中から、最もよいものを一つ選んでください。

しつもん
質問1

1　グループ1

2　グループ2

3　グループ3

4　グループ4

しつもん
質問2

1　グループ1

2　グループ2

3　グループ3

4　グループ4

模擬テスト

第5回

言語知識（文字・語彙・文法）・読解

（105分）

言語知識（文字・語彙）

問題1 _____の言葉の読み方として最もよいものを、1・2・3・4から一つ選びなさい。

1 車のハンドル操作を誤って湖に落ちてしまった。

    1　あやまって　　　2　さまよって　　　3　もうかって　　　4　おこたって

2 障子は貼るより剥がすほうが大変だ。

    1　しょうこ　　　2　しょうご　　　3　しょうし　　　4　しょうじ

3 大人になって楽器を習うことにどうも抵抗がある。

    1　らっき　　　2　がっき　　　3　らくき　　　4　がくき

4 いっぱい食べても太らない体質の人が羨ましい。

    1　やかましい　　　2　いさましい　　　3　うらやましい　　　4　あつかましい

5 彼が行方不明になってもう10年になる。

    1　いきかた　　　2　ゆくえ　　　3　こうこう　　　4　ゆきかた

問題2 _____の言葉を漢字で書くとき、最もよいものを1・2・3・4から一つ選びなさい。

6 もう一度初心に返って、哲学のがいろんを読み直した。

    1　概論　　　2　慨論　　　3　概倫　　　4　慨倫

7 お肌にやさしいもめん素材の子ども服が人気だ。

    1　毛綿　　　2　木綿　　　3　毛棉　　　4　木棉

8 恩師の言葉を深く心にきざんだ。

    1　刻んだ　　　2　印んだ　　　3　留んだ　　　4　彫んだ

9 休みは日曜日だけという会社もめずらしくない。

    1　少しく　　　2　珍しく　　　3　貴しく　　　4　稀しく

10 日本では一年のうち、お正月が一番にぎやかな行事だ。

    1　喧やか　　　2　騒やか　　　3　賑やか　　　4　煩やか

問題3　（　　　　）に入れるのに最もよいものを、1・2・3・4から一つ選びなさい。

11　わが社の今年の（　　　　）売上げは前年に比べて大幅に増えた。

　　1　総　　　　　　2　計　　　　　　3　合　　　　　　4　共

12　高級腕時計などはやはり正規の代理（　　　　）で買ったほうがいい。

　　1　屋　　　　　　2　店　　　　　　3　軒　　　　　　4　舗

13　今日は風邪（　　　　）なので、一日会社を休んだ。

　　1　感じ　　　　　2　傾向　　　　　3　気味　　　　　4　気分

14　夏はエアコンの使用で電気（　　　　）が高くなる。

　　1　金　　　　　　2　料　　　　　　3　額　　　　　　4　代

15　引っ越しの時、食器（　　　　）を新聞紙で包んでからダンボールに入れる。

　　1　類　　　　　　2　種　　　　　　3　品　　　　　　4　型

問題4　（　　　　）に入れるのに最もよいものを、1・2・3・4から一つ選びなさい。

16　（　　　　）最後まで読んだけど、分からないところが多い。

　　1　一概　　　　　2　一時　　　　　3　一目　　　　　4　一応

17　昨日の大雨で、川の水が茶色く（　　　　）いる。

　　1　にごって　　　2　くさって　　　3　こげて　　　　4　さびて

18　消防署員が実際に放水作業などを行って、本番さながらの（　　　　）となった。

　　1　演出　　　　　2　演習　　　　　3　練習　　　　　4　講習

19　普段あまり汗を（　　　　）人は低代謝になりがちだ。

　　1　きかない　　　2　おとさない　　3　かかない　　　4　とらない

20　書類が多すぎて、（　　　　）するだけでもかなり時間がかかる。

　　1　区分　　　　　2　分類　　　　　3　分別　　　　　4　区画

21　自分は（　　　　）な性格で、細かい仕事には向いていないと思う。

　　1　おおざっぱ　　2　おおはば　　　3　おおよそ　　　4　おおがら

22　こちらの商品、残り（　　　　）となってまいりましたので、お早めにどうぞ。

　　1　さすが　　　　2　みずから　　　3　やっと　　　　4　わずか

問題5 ＿＿＿＿＿の言葉に意味が最も近いものを、1・2・3・4から一つ選びなさい。

23 あの二人は交際しているらしいよ。

1 つきあって　　2 にあって　　　3 けっこんして　4 わかれて

24 毎日わずかな時間でも有効活用して日本語を勉強する。

1 すくない　　　2 おおい　　　　3 ちいさい　　　4 おおきい

25 とんでもないところで昔の友達と出会った。

1 だらしない　　2 思いがけない　3 もったいない　4 なさけない

26 前の車と衝突しそうになったので、思わず目をつぶった。

1 つい　　　　　2 ただちに　　　3 おもいっきり　4 すでに

27 事故のニュースを聞いて、悲しげな表情をしていた。

1 こころ　　　　2 きもち　　　　3 かお　　　　　4 ふんいき

問題6 次の言葉の使い方として最もよいものを、1・2・3・4から一つ選びなさい。

28 微妙

1 彼の話には微妙にうそが混じっている。
2 遠くからピアノの音が微妙に聞こえてくる。
3 海外旅行で、いろいろ微妙な経験ができた。
4 先生に微妙に褒められてうれしかった。

29 来日

1 来日、またお伺いします。
2 残った仕事は来日にする。
3 三年前に来日した。
4 来日の日本の社会を考えよう。

30 ちかぢか

1 ちかぢか忙しくて、友達の見舞いに行けなかった。
2 ちかぢか留学する予定で、その準備で忙しい。
3 ちかぢかスピード違反で警察に捕まった。
4 ちかぢか飛行機が間に合わなかったので、汽車で行くしかない。

31 呼びかける

1 外国人に道を聞かれたり、呼びかけられたりすることがある。

2 課長に呼びかけられて、いやな予感がした。

3 そんなダサい名前で呼びかけないでください。

4 若者たちに無謀な登山をしないように呼びかけた。

32 長引く

1 文章が長引いて、読みにくい。

2 午後の会議が長引いて、退社が8時になってしまった。

3 会社まで遠いので、毎日通勤時間が長引いている。

4 電車に乗り遅れて、友達との待ち合わせに長引いてしまった。

言語知識（文法）

問題7　次の文の（　　　　　）に入れるのに最もよいものを、1・2・3・4から一つ選びなさい。

33 このお店の料理は値段が高い（　　　　　）、あまり美味しくない。

1　からに　　　　2　ために　　　　3　わりに　　　　4　ように

34 彼女が作った和菓子は見た目がとてもきれいで、お菓子というより、（　　　　　）芸術品だ。

1　むしろ　　　　2　ようやく　　　　3　かえって　　　　4　なにも

35 旅行に行って思いっきり遊びたい、早く夏休みにならない（　　　　　）。

1　よね　　　　2　ことか　　　　3　かな　　　　4　ものか

36 今回の失敗は、だれのせいでもなく自分のミス（　　　　　）。

1　のかいがない　　　　　　　　2　にほかならない

3　でたまらない　　　　　　　　4　のようがない

37 （電話で）

A「お問い合わせの件ですが、あいにく担当の者はただいま外出中です。（　　　　　）、折り返しお電話させていただきます。」

B「はい、じゃ、お願いします。」

1　戻り次第　　　2　戻る次第で　　　3　戻った以上は　　4　戻った上に

38 そういう言い方では誤解を招く（　　　　　）。

1　きらいがある　　　　　　　　2　というものではない

3　わけにはいかない　　　　　　4　おそれがある

39 地球温暖化防止（　　　　　）、世界各国で様々な取り組みが行われている。

1　のもとに　　　　2　にむけて　　　　3　のすえに　　　　4　につけて

40 車のかぎをどこに置いたか忘れてしまって、妹に聞いた（　　　　　）、引き出しから取り出して渡してくれた。

1　うちに　　　　2　ことに　　　　3　ところ　　　　4　ものの

41 この学校の体育館は学校の先生や学生（　　　　　）、近所の人も利用できる。

1 に限らず	2 にあたって
3 に伴って	4 にもかかわらず

42 兄はテニスの決勝戦に負けたのが悔しくて（　　　　　）ようだ。

1 かまわない	2 はじまらない
3 おわらない	4 たまらない

43 A「課長、すでに（　　　　　）が、今日の打ち合わせは午後2時から明日の午前10時
　　に変更になりました。」

　　B「はい。」

1 伺いたいと思います	2 伺ったと思います
3 ご存知だとは思います	4 存じ上げているとは思います

44 鈴木さんは学生の身（　　　　　）、会社を経営している。

1 ではあるまいし	2 でありながら
3 としたら	4 としては

問題8 次の文の＿＿＿★＿＿に入る最もよいものを、1・2・3・4から一つ選びなさい。

（問題例）

あそこで ＿＿＿＿ ＿＿＿＿ ＿★＿＿ ＿＿＿＿ は山田さんです。

　　　　1 テレビ　　　2 見ている　　　3 を　　　　4 人

（解答のしかた）

1. 正しい文はこうです。

> あそこで ＿＿＿＿ ＿＿＿＿ ＿＿★＿＿ ＿＿＿＿ は山田さんです。
> 　　　　1テレビ　　3を　　　　2見ている　　4人

2. ＿★＿＿に入る番号を解答用紙にマークします。

　　　（解答用紙）　（例）　①　●　③　④

45 工場を ＿＿＿＿ ＿★＿＿ ＿＿＿＿ ＿＿＿＿ 得なければならない。

1 際には	2 その地域の人々の
3 新しく建設する	4 十分な理解を

46 人間で _____ _____ ★ _____ 避けられない部分もある。

1　仕事上の　　　　　　　　　　　　2　かぎり

3　ミスは　　　　　　　　　　　　　4　ある

47 今回の任務は難しかった _____ _____ ★ _____ 大きかった。

1　だけに　　　　　　　　　　　　　2　喜びは

3　成功を　　　　　　　　　　　　　4　収めたときの

48 彼の最大の欠点は _____ _____ ★ _____ をすることだ。

1　ふり　　　　　　　　　　　　　　2　わかりもしない

3　知っている　　　　　　　　　　　4　くせに

49 彼は何を _____ _____ ★ _____ 答えなかった。

1　何も　　　　　　　　　　　　　　2　笑っている

3　聞かれても　　　　　　　　　　　4　だけで

問題9　次の文章を読んで、文章全体の内容を考えて、| **50** |から| **54** |の中に入る最もよいものを、1・2・3・4から一つ選びなさい。

以下は、新聞のコラムである。

「時間って何?」

　このとらえどころのないものについて、考えるきっかけを与えてくれたのが| 50 |物語です。

　人間| 51 |時間を盗む泥棒が、大都会にはびこります。盗まれた時間を取り返してくれた少女が、主人公のモモです。心豊かに人間らしく生きる時間の過ごし方を知っているモモの正体は、謎に包まれています。

　モモに敵対するのは、物事をより早くこなす| 52 |、時間の節約と貯蓄を人間にそそのかす「灰色の男たち」。盗んだ時間を糧に存在するこの不気味な男たちとの対決は、スリルの連続です。

　「よりよい生活のため」と信じて、時間を節約すればするほど、逆に人間らしさを| 53 |。せかせかした生き方や社会、それにより人間が見失っているもの――童話とはいえ、この物語は現代社会を鋭く投影している| 54 |。この物語を読んでどきっとした人。灰色の男たちに時間が盗まれているかもしれない。

50

1 あんな   2 この   3 その   4 そんな

51

1 には   2 のに   3 から   4 での

52

1 ことで   2 ことから   3 ことに   4 ことなら

53

1 手に入れておきます   2 失ってあります

3 手に入れてきます   4 失っていきます

54

1 にきまっています   2 にすぎないです

3 ようです   4 らしいです

読　解

問題10　次の（1）から（5）の文章を読んで、後の問いに対する答えとして最もよいものを、1・2・3・4から一つ選びなさい。

（1）

　　以下は、ある会社の社内メールである。

関係者各位

お疲れ様です。
営業部の佐々木です。
この度、一身上の都合により6月1日（木）にて退職することになりました。本日が最終出社日となります。
本来であれば直接ご挨拶すべきところをメールでのご挨拶となり大変申し訳ございません。在職中は、大変お世話になりました。皆さまには何かとお力添えいただき、心より感謝を申し上げます。業務を通して学ばせていただいたことを活かし、今後も精進してまいります。

皆さまの益々のご健康とご活躍をお祈り申し上げます。

佐々木

---

[55]　このメールの主な目的は何か。

　　1　自分の退職を知らせる。
　　2　最終出社日を知らせる。
　　3　自分が退職する原因を説明する。
　　4　直接挨拶したいから、都合を教えてほしい。

（2）

　　表情というのは、実に大切なものである。表情を見れば、その人間の人となりまでも分かってしまう。そして表情は、上司の前に出たからといって急に変えられるものではない。日ごろの積み重ねがあればこそ、いい表情が出てくるのではないか。だから日頃から、親しみのある、人から話しかけやすい表情作りを心がけることが重要だ。そういう人のところに仕事も情報も集まってくるからである。

56 筆者が一番言いたいことはどれか。

1 表情の豊かな人は、仕事がスムーズに進み、上司の好感を得やすい。

2 話しかけやすい表情をしている人のところに情報が集まる。

3 表情を見るだけで、その人の仕事ぶりや性格が分かる。

4 日頃からいい表情作りを心がけない人は、出世できない。

(3)

　人間には、身体的エネルギーだけではなく、心のエネルギーというのもある、と考えると、ものごとがよく理解できるようになる。同じ椅子に一時間座っているにしても、一人でぼっと座っているのと、客の前で座っているのとでは疲れ方がまったく違う。身体的には同じことをしていても、「心」を使っていると、それだけ心のエネルギーを使用しているので疲れるのだ、と思われる。このような程度のことは誰しもある程度知っていることである。そこで、人間はエネルギーの節約に努めることになる。

57 筆者が一番言いたいことはどれか。

1 身体的エネルギーと同じように、心のエネルギーというものもある。

2 お客さんを接待するときは、心のエネルギーを使うので、疲れやすい。

3 身体的なエネルギーと心のエネルギー両方とも限界がある。

4 人間のエネルギーには限界があるので、できればそれを節約したほうがいい。

(4)

　以下は、商品を注文した会社がメーカーに送ったメールである。

株式会社カラー機械
生産管理部　立山一郎 様

お世話になっております。ヒカリ商事の中村です。
メールをご確認いたしました。
納品が予定より5日ほど延びるということですが、注文の際にご説明したとおり、今回注文した商品は来週の15日から始まる夏セールで販売を予定しているものです。そのため、夏セールが始まる前日までに、少なくとも15台は納品していただけませんか。

間に合わない場合は、すべての注文をキャンセルすることも考えております。
至急ご回答いただきたくよろしくお願いします。

ヒカリ商事
営業1課　中村達夫
tatsuo-nakamura@hikari.co.jp

---

58 このメールで伝えたいことは何か。

1　注文した商品の数を、15台に変更してほしい。

2　注文した商品のすべてを、14日までに納品してほしい。

3　注文した商品の一部を、キャンセルできるか教えてほしい。

4　注文した商品の一部を、14日までに納品できるか教えてほしい。

（5）

　作家というものは、その作品を書いている間だけ「作家」である。原稿を書いている時の私は作家だが、原稿を書いていない時の私は、「何を考えているのかわからないへんなやつ」である。実際にそうだと思うし、<u>それ</u>でいいと思っている。作家というものは、作品を書き上げて「作家」になり、作品を書き終えた後は、「あの作品の作者」という形で「過去の人」となるしかないようなものである。

59 「<u>それ</u>」は何を指しているか。

1　原稿を書かなくてもいいということ

2　変な人間だと思われてしまうこと

3　作品を書き上げて作家になること

4　過去の人になってしまうこと

問題11 次の（1）から（3）の文章を読んで、後の問いに対する答えとして最もよいものを、1・2・3・4から一つ選びなさい。

（1）

　会社というのは何のために存在するのか。それはやはり、目的や目標、夢があるからである。「こういうことをやり遂げたい」「こういうふうになっていきたい」。そんな思いが原点となり、組織が生まれ、会社が生まれるのである。この目標や夢を常に熱い思いを持って社員に伝えていく。それが、①<u>経営者や上司と呼ばれる人間の役割</u>である。

　日常の仕事一つひとつには、それぞれ峠がある。毎日の売り上げ目標というような、

具体的な目標がそれに当たるだろう。高い峠もあるし、比較的のぼりやすいものもあるだろうが、（　②　）、この峠を越えなければ先へは進めない。

　そして、この峠を指し示すのは上司の役目なのだ。「今度はこの仕事をやり遂げよう」「少し高いが、頑張ってあの峠を越えようじゃないか」と部下に指示を出すわけだ。

　しかし、これは単なる目の前の目標であって、大きな目標を示したことにはならないのである。なぜならば、一つの峠を越えても、そこにはまた次の峠が待ち構えているからだ。いったい、いくつの峠を越えればいいのだろうか。最後にはどこに辿り着くのだろう。部下がこうした質問を持つのは当然のことである。上司であるならば、この部下の質問に答えなければならない。

60　①「経営者や上司と呼ばれる人間の役割である」とあるが、その「役割」について、説明が正しいのはどれか。
1　会社の目標や夢を実現する。
2　日常の仕事の目標を設定する。
3　部下に仕事の大きな目標を指し示す。
4　お客さんや部下の質問に答える。

61　（　②　）に入れるものとして正しいのはどれか。
1　ともかく　　　2　そのほか　　　3　あらためて　　4　いわば

62　文章の内容と合っているものはどれか。
1　会社は目的や夢、目標があればこそ、存在するので、それを社員全員で決めなければならない。
2　日常の仕事においては、一つひとつの峠があるので、それを全部越えたら、最後の目標に辿り着くことが出来る。
3　一つの目標を実現したら、また新しい峠が待ち構えているので、いつまでもきりがないといらいらする部下が多い。
4　上司として、部下に仕事の目標を指し示すと同時に、部下の質問に答えなければならないのだ。

（2）
　話しかけるタイミングの悪い人が増えた。彼らは呼吸が上手くつかめないのである。
　私はこれはネット社会の影響だろうと考えている。
　電子メールは便利である。メールのおかげで、ビジネス関連の時間、特に伝達事項にかける時間がずいぶん短縮された。こちらは、時間の余裕のある時にメールを書けばよい。相手も、時間の余裕のある時に読めばよい。自分の都合、相手の都合、双方に利益

があるのである。

　①これを繰り返しているぶんには、相手の都合を考えなくてもいいのである。自分の都合のいい時に「伝達」が済んでしまう。ということは、相手の様子を読むトレーニングを積まなくなる。相手の呼吸に合わせるという感覚がなくなっていくのである。

　電話は、こちらか、相手か、どちらか忙しくても伝達を簡略化させたくなるものだ。②だが、それをぐっと堪えて相手を察する。相手の真意を汲もうとする。それが相手の呼吸を掴むトレーニングになる。

　だから、電話がいいとはいわない。私も電子メールは便利だと思う。もう、これがなくては、ビジネスは前に進まない。しかし、単純に便利な社会になったとも思えないのである。タイミングという概念は「自分中心」の人には必要ない。アルバイトの面接などをしていると、「これほど自分中心の人が増えたのか」と暗澹（あんたん）たる気持ちになることがある。

63 ①「これを繰り返しているぶんには」とあるが、「これ」は何を指すのか。

1　相手に電子メールを送ること
2　相手の呼吸をつかめないこと
3　相手の様子を読むトレーニングを積むこと
4　自分の都合に合わせて、相手と連絡をとること

64 ②「だが、それをぐっと堪えて相手を察する」とあるが、その意味として、正しいのはどれか。

1　電話で物事を伝えたい気持ちをずっと我慢して、相手の気持ちを察すること
2　電話の相手の声をじっくり聞くことによって、向こうの心境や気持ちを察すること
3　電話で自分の気持ちはずっと我慢して、相手の気持ちだけに気を使うこと
4　相手に自分の気持ちを察知されないように、電話をかけたいという気持ちをずっと我慢すること

65 筆者が一番言いたいことはどれか。

1　電子メールは自分の都合、相手の都合、双方の利益を考慮して使えるので、便利なのだ。
2　インターネットの普及で、人々のタイミング感覚が悪くなってきた。
3　電話は相手の真意を汲むことが出来るので、いいタイミングを掴むトレーニングになる。
4　インターネットの普及や電子メールの影響で、「自己中心」の若者が増えたことはよくない。

(3)

　ある日の夕方のことです。地下鉄の階段を上って外へ出ました。ちょうど退社時刻と
あって大勢の人が駅へと押し寄せてきます。その情景を見て①私は愕然（がくぜん）としました。肩
を落とし、暗い表情をした人があまりに多いのです。

　その中に自分の知っている人がいたらどうでしょうか。「あ、誰々さんだ」と気がつい
たとして、その表情がいつもとは打って変わって暗いものだったとしたら、声をかける
のもはばかれるのではないでしょうか。その人に対するイメージまで一変するかもしれ
ません。

　私は考えました。

　「これはいけないな。どこで見られているかわからないのだから、外にいるときは明
るく、楽しい雰囲気を漂わせるように努めなければ」。

　楽しい雰囲気を出すには微笑みを浮かべるのが一番です。楽しそうにしていると人が
寄ってきます。すると仕事も良いほうへ回りやすくなる。更に運が向いてきます。

　電話をかけるときも同じです。笑顔を浮かべて話すと声が柔らかくなり、先方によい
印象を与える。どうせ見えやしないから仏頂面（ぶっちょうづら）でいると、声で伝わってしまう。

　私の会社では、以前「②スマイルミラー」というものを作っていました。社員の名前入
りの鏡で、これを各自の電話機のそばに置いておきます。電話が鳴ったらスマイルミラー
に向かってちょっと微笑んでから出る。スマイルミラーのおかげで、外部の人にずいぶ
ん良い印象を持ってもらえたようです。外部のためというより、自分のためなのです。

66　①「私は愕然としました」とあるが、なぜか。

1　自分が暗い表情をしている姿を友人に見られたから

2　駅のところで肩を落とし、暗い表情をしている知人を見かけたから

3　退社の時、駅に現れた人々がみんな暗い表情をしていたから

4　駅へ押し寄せた人々の中に、肩を落とし暗い表情をしている人が多かったから

67　②「スマイルミラー」とあるが、その内容と合っているものはどれか。

1　会社のドアのところに置きました。

2　社員全員の名前が入っていて、使い方が便利だ。

3　電話が鳴ると、「スマイルミラー」に映っている自分に微笑んでから出る。

4　お客さんと打ち合わせをする前に使うものだ。

68　文章の内容と合っているものはどれか。

1　知らないところで暗い表情を友人に見られたら、イメージを損なうかもしれ
　　ない。

2　外にいる時こそ、元気で明るい自分を装ってはならない。

3 　電話をかけるとき、自分の表情が見えないので、声だけ柔らかくすればいい。

4 　楽しい雰囲気を作り出すために、いつも微笑みを浮かべなければならない。

問題12　次のＡとＢの文章を読んで、後の問いに対する答えとして最もよいものを、
　　　　　1・2・3・4から一つ選びなさい。

A

　心配事などがあるとき、夜、布団に入っても寝つけない、途中で目覚める、目覚めが早すぎて二度寝ができない、などの一時的な不眠は、健康な人にも起こります。このような慢性化した不眠が3か月以上続くと、不眠症と診断されます。不眠症になる大きな原因の一つが、不眠が続くことによる不安や焦りです。もう一つの要因は、独特の睡眠習慣です。早く眠りにつくために、寝床に早く入るとか、朝も寝床にいることでまた眠れるのではと期待するなど、「寝床にしがみつく習慣」がついてしまうと、それらがいっそう眠れない時間を増やし、不眠を悪化させていくのです。いったん慢性化した不眠症は、自然に治ることはあまり期待できないため、治療が必要です。

B

　アルコールなどの嗜好品が原因となる薬理学的な不眠や、不規則な生活リズムなどが招く生理的原因による不眠は、睡眠環境への悪影響によって生じる不眠であると言えるでしょう。さらに近年増加しているのが、寝る前にベッドでスマートフォンなどを使うことによって生理的原因による不眠を招いてしまっているケースです。このように、患者さん自身の生活習慣が原因となって不眠を招いてしまっている場合には、まずは正しい睡眠習慣を身につけることや適切な睡眠環境を整えることが不眠解消へとつながります。さらに、快眠を促す生活習慣や適切な睡眠薬の使用に加えて、睡眠へとつながる食事習慣などが不眠症の治療に有効です。

69 　眠れない原因について、ＡとＢが共通していることは何か。

1 　適切な睡眠環境が整っていないから

2 　正しい睡眠習慣が身についていないから

3 　不眠が続いてストレスがたまっているから

4 　光を浴びていなくて生体リズムが乱れているから

70 　ＡとＢは、不眠を改善するために、どうしたらいいと述べているか。

1 　Ａは慢性化した不眠症は治療を受けたほうがいいと述べ、Ｂは正しい習慣、適切な睡眠環境や睡眠薬が有効だと述べている。

2　Aはいつか自然に治るのでこのままでいいと述べ、Bは早く検査を受けたほうがいいと述べている。

3　AもBもお酒などをやめて規則正しい生活を送ったほうがいいと述べている。

4　AもBも自然に治れない場合は適切な睡眠薬を飲んだほうがいいと述べている。

問題13　次の文章を読んで、後の問いに対する答えとして最もよいものを、1・2・3・4から一つ選びなさい。

　自分はなんてついていない人間なんだろうとか、世の中の人間はみんな自分に嫌なことをしてくるのだとか、こんな不景気の中だったら何をやってもうまくいかないよとか、みんなある種の思い込みを持っている。

　ところが、①思い込みを持ってモノを見ていると、どんどんそういうふうにモノが見えてくる。

　自分はみんなにいじめられていると思っていたら、ほかの人のちょっとした言動が、よけい、いじめのように映ってしまう。ほかの人が親切にしてくれたり、言ってくれたりすることも、どうせ下心があるのだと思い込んでしまうことで、かえって不適応を起こしている人がいっぱいいる。

　（　②　）、そういうモノの見方しかできなくなるには、人それぞれに様々な理由がある。たとえば、小さい頃いじめられてきたとか、親の育て方、愛情が足りなかったといったものだ。これまでのカウンセリング理論では、親の問題とか、小さい頃のことを理解してそれと折り合いをつけよう(注)というような考え方をしても、結局その世界にはまり込むだけで、モノの見方はさっぱり変わっていないことが多い。

　ということで、むしろモノの見方を積極的に変えていくというのが「認知療法」だ。しかし、認知療法で、「モノの見方を変えましょう」「あなたのモノの見方は間違っているからこうしなさい」といわれてもなかなか急には変わらない。

　ではどうするかというと、ビジネスの決断でもなんでも、何かを思いついたら「メモを取る」という習慣をつける。そして、その思いつきだけではなく、その他の可能性を一つでもいいからと考えて、それもメモするという習慣をつける。

　頭の中で、「別の見方をする」といっても、なかなか難しいので、頭の中で考えたことを紙に書いて客観的に見る習慣をつける。それによって、自分の一方的なモノの見方や、思い込みが直されていく。

　結局、認知療法であれ、行動療法であれ、理屈で分かったところでどうしようもないわけで、それをいかに習慣づけるかということが大事になる。理屈ではなく「行動」で、さらにはそれを「習慣づける」ことで、「頭のいい自分」に一歩ずつ近づくことができるの

である。

（注）折り合いをつける：妥協する

71 ①「思い込み」とあるが、たとえば、どういう行動が「思い込み」なのか、その内容と合っているものを一つ選びなさい。

1　今回の試験は十分に準備をしておいたので、絶対に合格できるという確信を持っていること

2　仕事上ミスをしたので、きっと上司に叱られるだろうと心配していること

3　自分にはこれといった特技や才能がないので、どこに行っても受け入れてくれる会社がないと断定すること

4　今回のお見合いの相手は自分のことに興味がなさそうなので、多分うまくいかないと思うこと

72 （　　②　　）に入れるものとして、正しいものはどれか。

1　あるいは　　　　　　　　　　　2　おそらく

3　とすると　　　　　　　　　　　4　そのうえ

73 文章の内容と合っているものはどれか。

1　思いついたことを紙に書くことで、自分の偏った考え方を見直すことができる。

2　認知療法も行動療法も思い込みを直すことができない。

3　ビジネスの決断では、メモしたものを実行するのが大切だ。

4　思いついたものを行動に移すことによって、「頭のいいひと」に近づける。

問題14　次は、上海万博日帰り旅行のパンフレットである。これを読んで、下の質問に対する答えとして正しいものを1・2・3・4から一つ選びなさい。

74 上海万博日帰りツアーの内容に合っているのはどれか。

1　出発者が20名未満の場合、この旅行は取りやめになる。

2　配った入場券は日本産業館しか見学できない。

3　一日中日本語添乗員が同行し、世話をする。

4　この旅行の出発日は限定されている。

75 スケジュールの内容と合っているものはどれか。

1　朝、出発する時間が早いので、バスの中で朝食をとることになっている。

2　午後の時間帯は自由見学で、日本産業館以外のところに行ってもいい。

3　12時を過ぎてからは、見学する場所が特にないので、家に帰ってもいい。

4　このツアー代金のなかに、バス代、入場券と昼食代が含まれている。

目指せ！万博博士　とみちゃんと行く
上海万博日帰りツアー

※各出発日20名限定

ツアー代金　大人400元

　　　　　　小人350元

出発日　5月/5日（水）、9日（日）、20（木）

　　　　23日（日）、29日（土）

参加者全員にとみちゃんオリジナルバッチをプレゼントします。

食事/朝0回　昼0回　夜0回　最小催行人員/15名

旅行代金に含まれるもの/往復団体送迎バス代、万博一日入場券

※添乗員/添乗員は同行しませんが、日本語ガイドが同行します。

スケジュール

7:15　オークラ　花園飯店集会

7:30　オークラ　花園飯店出発　過去最大規模で開催される＜上海万博＞へ
　　　　　　　バス車中でとみちゃんの万博見学の注意事項を聞きます。

8:30〜12:00　万博会場到着
　　　　　　　団体チケットを受け取り入場
　　　　　　　会場では、堺屋太一氏がプロデュースした日本産業館ともう1つのパビ
　　　　　　　リオンにご案内します。

12:00　解散　この後は園内をご自由に見学ください。

17:30　万博会場集合

18:00　万博会場出発

模擬テスト

第 5 回

聴　解

（50分）

問題1

問題1では、まず質問を聞いてください。それから話を聞いて、問題用紙の1から4の中から、最もよいものを一つ選んでください。

1番

1 父を迎えに行く→試験勉強→父を見送る→田中さんを伺う
2 父を迎えに行く→父を見送る→試験勉強→田中さんを伺う
3 父を迎えに行く→田中さんを伺う→試験勉強→父を見送る
4 父を迎えに行く→田中さんを伺う→父を見送る→試験勉強

2番

1 英語→物理→化学→数学
2 英語→化学→物理→数学
3 英語→数学→物理→化学
4 英語→化学→数学→物理

3番

1 バスの切符が3枚、美術館の切符が2枚、食事の券が1枚
2 バスの切符が1枚、美術館の切符が1枚、食事の券が1枚
3 バスの切符が3枚、美術館の切符が2枚、食事の券はない
4 バスの切符が1枚、美術館の切符が1枚、食事の券はない

4番

1 ここにいる
2 会社に戻る
3 家に帰る
4 近くで食事をする

5番

1 部長の机の上に、ファイルがあるかどうか捜す
2 コピー室に行って、ファイルがあるかどうか捜す
3 ファイルを企画課まで持って行く
4 田中部長に電話を入れる

問題2

問題2では、まず質問を聞いてください。そのあと、問題用紙のせんたくしを読んでください。読む時間があります。それから話を聞いて、問題用紙の1から4の中から、最もよいものを一つ選んでください。

1番

1 残業で疲れて起きられなかったから

2 途中、事故にあったから

3 携帯のアラームを間違って10時に設定していたから

4 しっかりしていなかったから

2番

1 大雪のため

2 火事のため

3 風のため

4 台風のため

3番

1 速く話せないから

2 反応が遅いから

3 緊張しやすいから

4 声がおかしいから

4番

1 クーラーをつけて寝たから

2 タオルケットしかかけなかったから

3 窓を開けて寝たから

4 庭のベンチで寝たから

5番

1 かばん

2 アクセサリー

3 タオル

4 服

6番

1 305号室

2 407号室

3 406号室

4 211号室

問題3

問題3では、問題用紙に何もいんさつされていません。この問題は、全体としてどんな内容かを聞く問題です。話の前に質問はありません。まず話を聞いてください。それから、質問とせんたくしを聞いて、1から4の中から、最もよいものを一つ選んでください。

― メ モ ―

問題4

問題4では、問題用紙に何もいんさつされていません。まず文を聞いてください。それから、それに対する返事を聞いて、1から3の中から、最もよいものを一つ選んでください。

― メ モ ―

問題5

問題5では、長めの話を聞きます。この問題には練習はありません。
問題用紙にメモをとってもかまいません。

1番、2番

問題用紙に何もいんさつされていません。まず話を聞いてください。それから、質問とせんたくしを聞いて、1から4の中から、最もよいものを一つ選んでください。

― メ モ ―

N2全真模拟试题

3番
　まず話を聞いてください。それから、二つの質問を聞いて、それぞれ問題用紙の1から4の中から、最もよいものを一つ選んでください。

質問1
1　昆虫博物館
2　科学博物館
3　気象博物館
4　映画博物館

質問2
1　昆虫博物館
2　科学博物館
3　気象博物館
4　映画博物館

模擬テスト

第 6 回

言語知識（文字・語彙・文法）・読解

（105分）

言語知識（文字・語彙）

問題1 ＿＿＿＿の言葉の読み方として最もよいものを、1・2・3・4から一つ選びなさい。

1 この研究については、データの信憑性を疑う声もある。

　　1　うかがう　　　2　うたがう　　　3　やしなう　　　4　うらなう

2 航空機という偉大な発明が世界を大きく変えた。

　　1　いだい　　　　2　えだい　　　　3　ゆうだい　　　4　かだい

3 本番でミスが出て悔しくてたまらない。

　　1　あやしく　　　2　かなしく　　　3　おそろしく　　4　くやしく

4 物価が上がりそうな気配が濃い。

　　1　きはい　　　　2　きっぱい　　　3　けはい　　　　4　けっぱい

5 夕食の支度をしていたらドアのベルが鳴った。

　　1　さたく　　　　2　したく　　　　3　さたび　　　　4　したび

問題2 ＿＿＿＿の言葉を漢字で書くとき、最もよいものを1・2・3・4から一つ選びなさい。

6 子どものときからアクション系のけいじドラマが大好きだ。

　　1　警事　　　　　2　警治　　　　　3　刑事　　　　　4　刑治

7 最近環境にやさしい素材がもちいられるようになった。

　　1　使い　　　　　2　取い　　　　　3　行い　　　　　4　用い

8 親切のつもりが、よけいなお世話となって嫌われたりすることもある。

　　1　余計　　　　　2　予計　　　　　3　余形　　　　　4　予形

9 コンビニでおつりだけ受け取って、商品をもらい忘れたことがある。

　　1　余り　　　　　2　剰り　　　　　3　札り　　　　　4　釣り

10 毎日があわただしく、お部屋の掃除もろくにできていない。

　　1　忙しく　　　　2　慌しく　　　　3　激しく　　　　4　惜しく

問題3 （　　　　　）に入れるのに最もよいものを、1・2・3・4から一つ選びなさい。

11 この辺りはヨーロッパ（　　　　　）の街並みが広がっている。

　　1　様　　　　　　2　風　　　　　　3　格　　　　　　4　感

12 電話が鳴るや否や、彼は受話（　　　　　）を取った。

　　1　器　　　　　　2　機　　　　　　3　具　　　　　　4　物

13 展覧会では陶磁器が年代（　　　　　）に並べられていた。

　　1　番　　　　　　2　序　　　　　　3　順　　　　　　4　次

14 この川（　　　　　）には約2キロの桜並木が続いている。

　　1　伴い　　　　　2　沿い　　　　　3　回り　　　　　4　向き

15 彼はどんな困難にも（　　　　　）正面から立ち向かう。

　　1　実　　　　　　2　当　　　　　　3　本　　　　　　4　真

問題4 （　　　　　）に入れるのに最もよいものを、1・2・3・4から一つ選びなさい。

16 鈴木選手の五輪後の（　　　　　）が明らかになった。

　　1　引退　　　　　2　退出　　　　　3　引出　　　　　4　後退

17 辞書がないので、わからないところを（　　　　　）読んだ。

　　1　とんで　　　　2　さけて　　　　3　とばして　　　4　こえて

18 今年はどうしても早稲田の政治経済（　　　　　）に入りたいと思う。

　　1　部門　　　　　2　学部　　　　　3　学派　　　　　4　学科

19 有力なアリバイを持っていたので容疑が完全に（　　　　　）。

　　1　きえた　　　　2　ぬけた　　　　3　やぶった　　　4　はれた

20 健康管理のため、毎年健康（　　　　　）を受けている。

　　1　診断　　　　　2　判断　　　　　3　診療　　　　　4　治療

21 この店のてんぷらは値段の（　　　　　）おいしい。

　　1　おりに　　　　2　かわり　　　　3　わりに　　　　4　となり

22 私の理想の（　　　　　）は、ハンサムで優しい人だ。

　　1　タイヤ　　　　2　タイプ　　　　3　ダイヤ　　　　4　ダイヤル

問題5 _____の言葉に意味が最も近いものを、1・2・3・4から一つ選びなさい。

23 雑誌の星占いって、どうも私にはあてはまらない場合が多い。

1 かかわらない　2 むかない　　3 あわない　　4 にていない

24 退屈な毎日から抜け出したくて陶芸教室に通い始めたのだ。

1 つまらない　　2 いそがしい　3 さびしい　　4 もったいない

25 副業が会社にばれるとまずい。

1 けわしい　　　2 よくない　　3 はずかしい　4 きらわれる

26 日本では、エコカーの開発が一段と進んでいる。

1 本格的に　　　　　　　　　　2 少しずつ

3 知らないうちに　　　　　　　4 いっそう

27 達成できそうにもない目標を部下に与えると、やる気がなくなるおそれがある。

1 事実　　　　　2 傾向　　　　3 可能性　　　4 失敗

問題6 次の言葉の使い方として最もよいものを、1・2・3・4から一つ選びなさい。

28 用心

1 登山に行く前に、雨具や懐中電灯などを用心したほうがいい。

2 振り込め詐欺にはくれぐれもご用心ください。

3 クビを用心して自分の提案を出した。

4 健康のために日常生活でなるべく歩くように用心している。

29 割る

1 この本屋では本を出版社別に割って並べている。

2 秋に入ると農作業では稲割りの時期である。

3 日経平均株価が続落し、一時1万円の大台を割った。

4 気分転換に髪でも割ろうかと思っている。

30 がっかり

1 面接で不採用になったからといってがっかりする必要はない。

2 自立してがっかりした女性になりたい。

3 家族との約束をがっかり忘れて別の予定を入れてしまった。

4 友だちと話に夢中になって、がっかり電車を乗り間違えてしまった。

31 活躍

1 この時代小説の登場人物は実に活躍していた。

2 韓国は今回の五輪で大活躍を遂げた。

3 豊かな自然と調和した活躍あふれる町づくりを進める。

4 勝間さんは経済評論家として活躍している。

32 隔てる

1 自分が経験してきただけに、隔てられるつらさはよく分かる。

2 すりガラスでバスルームとベッドルームを隔てている。

3 遠距離の彼氏と隔てることを決意しました。

4 その双子の顔は親でも隔てがつきにくいほどそっくりだ。

言語知識（文法）

問題7　次の文の（　　　　）に入れるのに最もよいものを、1・2・3・4から一つ選びなさい。

33 すみませんが、来週の金曜日、休ませて（　　　　）よろしいでしょうか。

1　なさっても　　　　　　　　　　2　いただいても

3　くださっても　　　　　　　　　4　さしあげても

34 新しくできた五つ星ホテル（　　　　）、すべての面において素晴らしい。

1　かというと　　2　のみでなく　　3　だけあって　　4　というのは

35 週末、旅行に行ってきました。（　　　　）、近くの温泉で一泊しただけなんですが。

1　といっても　　2　といったら　　3　というより　　4　というと

36 昨夜は、歯が痛くて痛くて涙が出る（　　　　）。

1　きりだった　　2　一方だった　　3　すえだった　　4　ほどだった

37 やると決めたからには、みんなで力を合わせて（　　　　）。

1　がんばらないではないだろう　　　2　がんばろうじゃないか

3　がんばるべきではない　　　　　　4　がんばるわけにもいかないだろう

38 こちらの金額をご確認の（　　　　）、サインをお願いします。

1　うちに　　　　2　うえ　　　　3　ところに　　　　4　ところ

39 （　　　　）飽きてしまうだろうと思って軽い気持ちではじめたジョギングだが、3年経った今も日課となって続けている。

1　そのうち　　　2　こうして　　　3　決して　　　4　まさか

40 高速道路の建設のために、5年（　　　　）路線の測量と土質調査を行った。

1　に加えて　　　2　に際して　　　3　にわたって　　　4　について

41 同じ仕事をしているのに、女性だからといって給料が低いというのは不公平（　　　　）。

1　にすぎない　　　　　　　　　2　でないことはない

3　というものだ　　　　　　　　4　どおりだ

42 驚いた（　　　　）、彼は10年前の事件の容疑者だった。

1　ことか　　　　2　ものか　　　　3　くせか　　　　4　ことに

43 年を取ると病気（　　　　　　）、免疫力を高める正しい生活習慣を身につけよう。

1　がちになるから　　　　　　　　　2　どころではなく

3　ぎみになっても　　　　　　　　　4　のままでいいから

44 なぜ日本のアニメがこんなに好きなのかと聞かれても、言葉では説明の

（　　　　　　）。

1　恐れがある　　2　しようがない　3　わけがない　　4　おかげだ

問題8　次の文の＿＿＿★＿＿＿に入る最もよいものを、1・2・3・4から一つ選びなさい。

（問題例）

あそこで　＿＿＿＿＿　＿＿＿＿＿　＿＿★＿＿　＿＿＿＿＿　は山田<ruby>山田<rt>やまだ</rt></ruby>さんです。

1　テレビ　　　　2　見ている　　　　3　を　　　　　4　人

（解答のしかた）

1. 正しい文はこうです。

あそこで　＿＿＿＿＿＿＿　＿＿＿＿＿＿＿　＿＿★＿＿＿＿　＿＿＿＿＿＿＿　は<ruby>山田<rt>やまだ</rt></ruby>さんです。

1 テレビ　　3 を　　　　2 見ている　　4 人

2. ＿＿★＿＿に入る番号を解答用紙にマークします。

（解答用紙）　（例）　①　●　③　④

45 イギリスへの留学は　＿＿＿＿＿＿　＿＿＿＿＿＿　＿＿★＿＿　＿＿＿＿＿＿　決断だった。

1　悩んだ　　　　2　彼女なりに　　3　いろいろ　　4　すえの

46 英語ができる　＿＿＿＿＿＿　＿＿＿＿＿＿　＿＿★＿＿　＿＿＿＿＿＿　大恥<ruby>大恥<rt>おおはじ</rt></ruby>をかいた。

1　ばかりに　　　2　通訳を　　　　3　させられて　　4　と言った

47 子どもは　＿＿＿＿＿＿　＿＿★＿＿　＿＿＿＿＿＿　＿＿＿＿＿＿　あげよう。

1　大いに褒めて　2　成長するから　3　褒められた　　4　とおりに

48 高級マンションを買って毎月の　＿＿＿＿＿＿　＿＿＿＿＿＿　＿＿★＿＿　＿＿＿＿＿　借

りたほうがいい。

　　　　　1　くらいなら　　　2　ローンに　　　3　苦しむ　　　　4　安い部屋を

49　明日の会議には、＿＿＿＿＿　＿＿＿＿＿　　★　　＿＿＿＿＿　出席する予定だ。

　　　　　1　役員が　　　　　2　はじめ　　　　3　多くの　　　　4　社長を

問題9　次の文章を読んで、文章全体の内容を考えて、　50　から　54　の中に入る
　　　　最もよいものを、1・2・3・4から一つ選びなさい。

以下は、雑誌のコラムである。

周りや他人が気にならないのは、若者　50　。大人もそうである。

今度は、東京・丸の内でのできごと。あるビルの喫茶店でコーヒーを飲んでいたと
きのことである。

隣のテーブルに30代ぐらいの一人の女性が、斜め向かいの位置に座った。　51　、
すぐバッグを開け手鏡を取り出し、化粧を始めたのである。距離にして1メートルもな
い。身内でもこれぐらいの至近距離で化粧するようすを　52　。

化粧は手際よく、数分で終わった。できあがりは、確かに「きれい！だった」。しか
し「美しく？なかった」。

このようなことは『他者意識』が欠如し、自己中心の毎日を過ごしているから起こる
のである。周りや他人が気にならないから、関心もないし、思いやりや愛着もない
し、信頼感　53　欠落しかかっている。そういう大人が確実に増えている。いいかえ
れば、「社会力」が衰退している大人が　54　。

毎日の生活は、少々他とのかかわりやつながりがなくても生きていける状況にあ
る。まったくなくてもそれをカバーしてくれる環境が今の日本には整っている。その
ため、毎日、おいしい肉や魚、新鮮な野菜、果物を食べ、元気の出る牛乳やお酒を飲
み、いつも満腹な生活をしている。こんな生活（消費）を続けていたら、「自己チュー」
になることは間違いないし、危機意識も低下し、たいへんなことに発展する可能性を
秘めている。

50

　　1　にすぎない　　　　　　　　　　2　のみだ
　　3　だけではない　　　　　　　　　4　にほかならない

1　それで　　　　　　　　　　　2　すると

3　そこで　　　　　　　　　　　4　つまり

1　見たことはない　　　　　　　2　見たことか

3　見るのはありうる　　　　　　4　見かけかねない

1　ほど　　　　　　　　　　　　2　しか

3　だけ　　　　　　　　　　　　4　まで

1　減っていくということである　2　生きていけないだろう

3　多くなったということである　4　それほど多くないだろう

模擬テスト第6回

読　解

問題10　次の（1）から（5）の文章を読んで、後の問いに対する答えとして最もよいものを、1・2・3・4 から一つ選びなさい。

（1）

　老人になるということは、赤ちゃんに戻っていくことである。自己中心的になり、衝動的になり、何回言っても同じ失敗を繰り返す。違うのは、子どもは大人に成長していくが、老人は徐々に大人らしさを失っていくことだ。しわくちゃのおじいさんが失禁したり、お膳のものをひっくり返したりするのは、赤ん坊と違って確かにかわいさがない。しかし、シェクスピアの言う「第二の嬰児時代」は、誰も通らねばならない「花道」なのだ。こう考えれば、しわくちゃの赤ちゃんのケアはどうあるべきか、おのずからわかってくる。

55　筆者が一番言いたいことはどれか。

1　老人になると、自己中心的になったり、衝動的になったりするのだ。

2　年を取っていると、性格的には赤ちゃんに戻っていく。

3　誰しもいつか老人になるという認識をしっかりもって、老人に対するケアに当たってほしい。

4　お年寄りになると、行動がおかしくなったり、大人らしさを失っていく。

（2）

　「さて、今日は何を食べようか」とか、服などを買う場合でも「この服にしようか、いや、あの服のほうがいい」などと、何かをするときに、いつも迷う人は、優柔不断な人だ。そんな傾向は日頃の自分の態度で気がつくはずだ。迷いがこだわりから発しているのなら問題はない。だが、何でもかんでも迷って決められないのは困る。自分でその点に気がついたら、とりあえず、イエス、ノーをはっきりさせる、またいくつかの選択があるなら、とりあえずいずれかを選んでしまうことだ。

56　「自分でその点に気がついたら」とあるが、「その点」は何を指しているのか。

1　日頃の自分の態度

2　優柔不断な性格

3　何かに強くこだわる性格

4　人に優柔不断だと言われていること

（3）

以下は、取引先から送ってきた手紙である。

202X 年5月8日

お客様各位

山崎商事　名古屋本社

住所: 名古屋市中央区中谷町5-1城井ビル23階

電話: 05-2436-9658

在宅勤務のお知らせ

拝啓　時下ますますご清栄のこととお慶び申し上げます。平素は格別のご高配をいただき、厚くお礼申し上げます。

　さて、山崎商事では、新型コロナウイルスの感染拡大のリスクを考慮し、従業員及びお客様の安全確保を目的に、下記のとおり在宅勤務を実施いたします。

敬具

記

・全従業員の在宅勤務を推奨

業務はテレワークとなります。

お打ち合わせやご面談についてはできるだけ電話での対応とさせていただきます。

・在宅勤務実施期間: 202X 年6月1日（水）〜202X 年7月31日（日）

・お問い合わせ先

山崎商事　広報担当　吉村辰子

電話: 05-2436-1421

メール: tatsuko-yoshimura@yamazaki.co.jp

57 手紙の内容に合っているものはどれか。

1　社員が全員感染してしまったため在宅勤務を実施する。

2　6月から7月まで、社員たちは基本的に家で仕事をする。

3　打ち合わせや面談をするときは直接山崎商事に行けばいい。

4　在宅勤務について質問のある人がいれば、社長に聞けばいい。

（4）

　子どもに期待したほうがいいという考え方には、「過度な期待で子どもが潰れてしまう」という反論がある。では何が「過度な期待」なのであろうか。過度な期待というのは、能力の限界に対する評価の問題だ。思ったほど成績が伸びない。やれば伸びるはずだ。伸びないのはやり方が悪いはずだと思うのは構わない。しかし、一日に英単語三十個覚えられないから怒ったりとか、自分ができないようなことを子どもに期待するのはおかしい。

58　筆者が一番言いたいことはどれか。

　　1　怠けによって成績が悪くなった場合、子どもを厳しく叱るべきだ。
　　2　子どもは親の期待に応えようと努力するので、子どもに期待すべきだ。
　　3　子どもの能力を超えた過度な期待はやめるべきだ。
　　4　子どもの成績が思ったほど伸びないのはやり方の問題だ。

（5）

　以下は、谷辺市の市民センターに届いたメールである。

谷辺市民センター
ご担当様

7月に市民センターで行われる「2023谷辺夏祭り写真コンテスト」に応募する写真の作品についてお願いがあります。
ホームページの応募要項には、サークルの代表者が直接センターの受付に持参するようにと書いてありますが、仕事の都合で、受付が開いている平日の開館時間には伺うことができません。ですから、郵送での提出を認めていただくことはできないでしょうか。
作品は、応募要項の指示にしたがって問題なく作成できています。
お忙しいところ恐縮ですが、ご回答いただけますようよろしくお願いします。

写真サークルフォト森下代表　　森下達郎

59　このメールの要件は何か。

　　1　作品の作り方に間違いがないか確認してほしい。
　　2　作品の提出が遅れることを認めてほしい。
　　3　作品を休日に提出させてほしい。
　　4　作品を郵送で提出させてほしい。

問題11　次の（1）から（3）の文章を読んで、後の問いに対する答えとして最もよいものを、1・2・3・4から一つ選びなさい。

（1）

　人間にはそれぞれに、持って生まれた能力や特性がある。それぞれの能力というものに優劣があるわけでは決してない。音楽の能力や絵を描く能力のどちらが優れているかというのは言えないし、比較をすること自体おかしいことだ。

　同じように仕事の中においても、営業能力と管理能力を比較することは、おかしい。比較できない能力に、ましてや他人から見て差をつけるなどということは、やるべきではないと私は思う。

　確かに同じ仕事をしているのに、実績などに差が出てくることは、よくあることだ。要領が良くて飲み込みの早い人間もいるだろう。少々要領が悪く動きの遅い人間もいるのだろう。そのときだけを比較すれば、①"できる人間"と"できない人間"がいることは確かだ。しかし、それは、あくまで一時的なことに過ぎない。

　たとえば、若い頃は速く走る能力があっても、歳を取ればその能力はなくなってしまう。逆に歳を取ることで、物事をじっくり考える能力が身についてくることもある。つまり、能力というのは、その時々によって常に動いているものだと考えるべきなのである。

　（　②　）、上司が部下を評価する時に、その時点の能力だけで単純に永遠の評価をしてはならない。ましてや、能力の評価を、人間の評価に結びつけるなど、もってのほかである。能力がないから人間的にもダメなやつだ、などということは絶対に思うべきではない。

60　①「"できる人間"と"できない人間"」とあるが、その説明として本文の内容と合っているものはどれか。

1　飲み込みが早く、動きが遅い人間は"できない人間"といわれている。

2　実績を上げていて要領も良い人は"できる人間"といわれている。

3　"できる人間"は能力があり、会社でいつも高く評価されている。

4　"できない人間"は人にマイナス的な印象を与え、その人の人間性が疑われる。

61　（　②　）に入れる言葉として正しいものはどれか。

1　したがって　　　　　　　　2　に対して

3　にもかかわらず　　　　　　4　そのほか

62　文章の内容と合っているものはどれか。

1　人間の能力や特性には差があるが、優れた人はこの差をなくす才能を持っている。

2　上司は、営業能力と管理能力を備え持っていたほうがいい。

3　人間それぞれ持って生まれた能力や特性があるんだから、評価をあせってはならない。

4　会社では、能力に対する評価と人間性に対する評価が常につながっている。

（2）

　長い間演劇に携わっていても、今でも驚くのが「役者はなぜこれほど変わるのだろう」ということである。メイクや衣装で、見栄えだけでも相当違って見える。が、変わるのは外見ばかりではない。立ち居振る舞いから、極端な時には人格まで変わってしまったのだろうか、と驚くことがある。

　一人の役者に医師の役を当てる。普段着で練習する時はそうでもないが、白衣を着せると途端に医者に見えてくる。役者だから、当然といえば当然だが、医師風の歩き方、所作、話し方に変わっていくのだ。同じ役者に、今度は兵士の役を当て、兵隊の衣装を着せる。（　　①　　）、兵士の歩き方、喋り方になり、果ては思考方法まで兵士に変わっていく。

　アメリカの心理学者フィリップ・ジンバルドが②こんな実験を行っている。新聞で公募した二十四名を、無作為に「囚人役」と「看守役」に、半分に分ける。囚人役は警官に逮捕された後、取調べを受けて囚人服を着せられ、監獄に入れられる。看守役は、制服を着て、警棒を下げ、囚人を監視する。どちらも、それらしく振舞うよう指示されるわけではない。ところが、服を着せるだけで、本物らしい振る舞いになっていったのである。囚人は卑屈な態度を取り、看守は命令口調になる。

　言葉遣いや行動が変われば、やがて思考方法も変わってくる。つまり、人は服装によって変わる可能性がある。

63　（　　①　　）に入れる言葉として、正しいのはどれか。

1　ただし　　　　2　だから　　　　3　つまり　　　　4　すると

64　②「こんな実験を行っている」とあるが、実験の内容と合っているものはどれか。

1　囚人の役割を演じる人は、命令されるとすぐ卑屈な態度になる。

2　看守役の人は服を着せるだけで、動作、口調などもすっかり本物らしくなった。

3　囚人役の人は警察に逮捕されて、取調べを受けると、自分の罪を白状した。

4　看守役の人は警棒を下げ、犯人を監視しているうちに、自分の思考方法まで変わってしまう。

文章の内容と合っているものはどれか。

1 役者たちはメイク、服装が変わったら、外見だけでなく、性格まで変わる。

2 医者の役を担当する役者は白衣を着なくても、医者風の話し方、所作、歩き方になっていく。

3 役者は演じる役が違えば、歩き方や喋り方だけでなく、その時の思考方法までが変わっていく。

4 着ている服装が違えば、人の言葉遣い、行動、考え方、価値観なども変わっていく。

（3）

人間は誰でも二つの天才的な才能を持っているそうです。言い訳をすることと、ぐずぐずすることです。この二つのことが揃ったら怠け者の天才ができあがります。

実際、私たちは「できない言い訳」ならいくらでも言えます。（　　①　　）、怠ける言い訳しか言葉を使わない人もいるくらいです。

ぐずぐずするのも人間は得意です。今しなければならないことがあるのに、「今でなくでもいい」と考え、先へ先へと延ばす。

どうしたら怠け心にさよならできるのでしょうか。

私がお勧めしたいのは、とにかく始めてみること。やらなければならないことが今そこにあるなら、「まだ準備が…」とか「できるだけ合理的に」などと考えず、とりあえず手をつけるのです。

着手すれば、それらの問題は自ずと明らかになります。具体的な解決策を立てることもできるでしょう。また、そこから興味や面白さ、楽しさも出てきます。

つまらなそうな仕事を熱心にやっている人は、決してうんざりしながらやっているわけではありません。どんな仕事も前向きに取り組んでいると、必ず面白味が湧いてくるものです。

「どうせこんな仕事、大して役に立つわけでもないし」

②これでは自分を卑屈にするだけです。すべての仕事は必要があって、生じたものですから、仕事の軽重を天秤にかけてはいけません。何事も率先して取り組み、遂行できるかどうか。③ここであなたの真価が問われます。

（　　①　　）に入れる言葉として、正しいのはどれか。

1　それだけでなく　　　　　　2　それどころか

3　それのみならず　　　　　　4　それに加えて

②「これでは自分を卑屈にするだけです」と③「ここであなたの真価が問われます」

とあるが、「これ」と「ここ」はそれぞれ何を指すのか。

1 つまらないことを熱心にやること／積極的に仕事に取り組むこと

2 うんざりしながら仕事をやること／仕事の軽重を天秤にかけること

3 仕事の価値を否定すること／率先して仕事に取り組むこと

4 前向きに仕事に取り組むこと／何事も積極的にやること

68 この文章で筆者が一番言いたいことはどれか。

1 何事も言い訳をつけながらやっていくのは人生の無駄だ。

2 ぐずぐずしていてはいつまでも仕事を完成できない。

3 仕事というのは着手してはじめて面白味が出てくる。

4 何事も積極的に取り組むことによって、面白さや楽しさが出てくる。

問題12 次のＡとＢの文章を読んで、後の問いに対する答えとして最もよいものを、
1・2・3・4から一つ選びなさい。

Ａ

相談者：

　自分は内向的で自意識過剰、中途半端な完ぺき主義で人付き合いも苦手です。また、アニメやゲームにのめり込み、空想癖もあります。そんな自分ですが、来年に結婚を予定しています。この結婚というのも、打算と自己分析の結果自分で決めたわけですが…。

　相手は明るく元気でバイタリティーに溢れる人で、経済的にもそこそこ余裕を持っています。しかし、言葉がきつく、大雑把で時間にルーズなところがあってきらいです。また大酒のみで酔っ払うのも嫌いです。もっとアニメやゲームに出てくる女主人公のようにおしとやかに、もっとやさしくなってほしい。こういう気持ちを彼女にも伝えたのですが、何の変りもありません。このように理想と現実との間で悩んでいます。本当にこのまま、結婚に踏み切ってもいいのでしょうか。

B

回答:

　アニメと現実は違う。これを自覚することが、まず何よりも大事だと思います。

　そして、相手を変えようとするよりも、自分を変えるほうが簡単ですし、自分を変えることで、相手も影響されて変化していきますから、あなたが自分を変えようとしていることこそ、一番の幸せへの近道だと思います。

　彼女には彼女の良さがあるのですから、その良さを見て、感謝していくことが大事だと思います。そして、どういう理由でも、結婚すると決めたのは、あなたです。結婚生活を険悪なものにするよりは、良好なものにすることが、幸せな人生につながっていきます。本気で取り組んでいってほしいと思います。

69 Aの相談者はどういう悩みを述べているか。

1　自分は性格的にいろいろな欠点を抱えているが、恋人はもっと性格が悪いので、結婚していいか迷っている。

2　性格的にいろいろな欠点を抱えている自分は、結婚を前に理想と現実とのギャップに悩んでいる。

3　明るくて元気な恋人だが、言葉がきついところがあって、結婚していいか迷っている。

4　恋人が漫画的で理想の高い自分の要求に合っていないと気づき、悩んでいる。

70 Aの相談とBの回答について、正しいのはどれか。

1　Aは結婚をあきらめたいと述べ、Bは恋人の良さを見て感謝の気持ちで結婚すべきだと述べている。

2　Aはアニメと現実とのギャップを意識しているが、Bはアニメと現実は違うが、相手を変えればいいと述べている。

3　Aは恋人がもっと優しくなってほしいと述べ、Bは他人を変えるのは難しいから、それより自分を変えたほうがいいと述べている。

4　Aは恋人が理想的な結婚相手ではないと悩んでいると述べ、Bは自分を変えれば相手も自分の思うように変化していくと述べている。

問題13 次の文章を読んで、後の問いに対する答えとして最もよいものを、1・2・3・4から一つ選びなさい。

最近いろいろな場所で、子どもたちを授業に集中させるのが難しいという話を聞く。

授業中に立ち歩く、隣の子にチョッカイを出す(注)、指示に従わない…これは中学校や高等学校の話ではなく、小学生の話なのである。

　六年生のA君は、授業が始まっても教科書を出そうとせず、隣の子とおしゃべりを続けている。担任が注意すると、プイと席を立ち、教室から出て行ってしまう。時には親分を引きつれ、二～三人一斉に出て行くこともある。追いかけて問い詰めると（　　①　　）という。そして、あとは何を聞いても「別に」という言葉が返ってくるだけである。

　勉強は塾ですませていて、授業中は退屈している子どもも、勉強が難しくて分からない子どもも、学校で何か楽しいことはないかなと思っている点では同じである。そこで友達が先生に反抗する姿は、結構刺激的で面白いことのようだ。中には、A君を羨望の目ざしで見ている子どももいる。

　子どもたちを何とか授業に集中させたいと先生方は懸命だが、テレビやテレビゲームより面白く、楽しい授業を作り出すことは、そう簡単なことではない。ゲームやお笑い番組にどっぷり漬かり、②物分りのよい大人と豊かで欲求充足的な生活に慣れた子ども達にとって、学習はどんなに工夫されてもやっぱり自分との闘いや努力、がまんが必要なことである。こんな子どもをどう指導したらよいのだろうか。

　教育の実情を保護者会で話すと、子どもが学校で荒れるのは、学校に問題があるからでしょう、家ではおとなしく良い子ですと反論される。なかには、学校の様子を知らせると、親に恥ずかしい思いをさせると、子どもに暴力を振るう親もあるとか。こうなると学校と家庭の関係は不毛の悪循環を繰り返すことになってしまう。これは決して特殊な例ではなく、現在の義務教育が直面している現実である。

　最近、世の中全般に、楽しいことこそ最高といった風潮が強く、学校についても楽しくなければ学校じゃない、学校がもっと楽しいところになればという議論が多い。学校側の努力はもちろん必要だが、大人はもっと本気で子ども達に③楽しさの本当の意味を伝えなくてはならないのではなかろうか。

（注）チョッカイを出す：余計な口出しをする

71　（　　①　　）に入るものとして、最も適当なものはどれか。

　　1　テレビゲームを持ってきたから
　　2　勉強してもお金をくれないから
　　3　ゲームをやりたかったから
　　4　勉強は楽しくないから

72　②「物分りのよい大人」とはどんな大人だと思われるか。

　　1　子どもにいつも勉強するように言っている大人
　　2　子どもの言うことを何でも受け入れる大人

3　子どもの出した問題に何でも答えることができる大人

4　子どもと同じ遊びをして楽しんでいる大人

<u>73</u>　③「楽しさの本当の意味」とは何か。

1　ゲームなどの面白さではなく、学ぶ楽しさもあるということ

2　楽しさは時代とともに、少しずつ変化するということ

3　これからの学校は楽しくなければならないということ

4　楽しいことこそ最高であるということ

問題14　次は東久留米市の市立図書館の案内です。後ろの質問に対する回答について、
　　　　1・2・3・4から一つ選びなさい。

<u>74</u>　休館日について、説明が正しいのはどれか。

1　滝山図書館は第3火曜日は休みだが、水曜日の午後の開館時間を一時間延長し
　　ている。

2　中央図書館は金曜日と火曜日が休みとなっているので、行かないほうがいい。

3　第3木曜日の放課後に本を借りたい場合は、ひばりが丘図書館のほうがいい。

4　東部図書館は中央図書館の開館時間より長いので、利用するのに便利だ。

<u>75</u>　図書館の案内について、正しいものはどれか。

1　一人につき、本8点、CD、ビデオそれぞれ1点ずつ借りられる。

2　利用カードの代わりに、学生証で本を借りることもできる。

3　大型本は東久留米駅前の東口と西口のブックポストに返却してもいい。

4　ひばりが丘図書館で借りたCD、カセットテープ、DVDは中央図書館で返却し
　　てもいい。

開館時間・休館日

図書館名	開館時間	休館日
中　央	午前 10 時～午後 5 時 （水・木曜日は～午後 6 時）	金曜日　第 3 火曜日 年末年始
滝　山	午前 10 時～午後 5 時 （水曜日は～午後 6 時）	特別整理期間 ＊一部変更になる場合があります。<u>図書館カレンダー</u>等でご確認ください。
ひばりが丘	午前 10 時～午後 5 時	
東　部		

資料の貸出・返却

1．おひとり 8 点まで 2 週間借りられます。ただし、ビデオ（DVD）はおひとり 1 点 1 週間です（8 点に含む）。

2．利用カードと借りるものをカウンターにお出しください。

3．返却される場合は、市内のどの図書館へ返却されても結構です。図書館閉館中はブックポストに入れてください。

　＊ブックポストは、中央・滝山・ひばりが丘・東部図書館と、東久留米駅の東口と西口にあります。

　＊ただし、CD・カセットテープ・ビデオ・DVD・大型本と都立・他市の図書館から借用した本はブックポストへの返却をご遠慮ください。

模擬テスト

第6回

聴　解

（50分）

問題1

問題1では、まず質問を聞いてください。それから話を聞いて、問題用紙の1から4の中から、最もよいものを一つ選んでください。

1番

1 受験票＋ペン・消しゴム＋辞書＋お茶＋お弁当
2 受験票＋ペン・消しゴム＋辞書＋お弁当
3 受験票＋ペン・消しゴム＋お茶＋お弁当
4 受験票＋ペン・消しゴム＋お弁当

2番

1 手紙に速達料金分の切手を貼る
2 手紙に赤で「速達」と書く
3 手紙に赤で「他府県」と書く
4 マジックで他府県のほうに「速達」と書き入れる

3番

1 風呂に入る→夕飯を食べる→公園に行く→クリーニング屋に行く
2 夕飯を食べる→風呂に入る→公園に行く→クリーニング屋に行く
3 公園に行く→クリーニング屋に行く→夕飯を食べる→風呂に入る
4 夕飯を食べる→公園に行く→クリーニング屋に行く→風呂に入る

4番

1 お客様に問題の商品を持ってきてもらう
2 新しいプリンターを持ってヤマダ電器にいく
3 自分の会社の人に問題の商品を持って帰るよう電話する
4 ヤマダ電器に問題の商品を送ってもらう

5番

1 ガス代などを払いに行く
2 学校の先生に話しに行く
3 ご近所の挨拶に行く
4 引越し業者を探しに行く

問題2

問題2では、まず質問を聞いてください。そのあと、問題用紙のせんたくしを読んでください。読む時間があります。それから話を聞いて、問題用紙の1から4の中から、最もよいものを一つ選んでください。

1番

1　一人は寂しいから
2　生まれた犬をもらう人がいなかったから
3　犬を飼うと気持ちが落ち着くから
4　近所の人がインドに行くことになったから

2番

1　遅くまで残業でよく寝られなかったので
2　子どもに泣かれてよく眠れなかったので
3　一晩中、家の犬になかれてよく眠れなかったので
4　夜中に隣の犬になかれてよく眠れなかったので

3番

1　小さくて、狭い家でも飼えるから
2　値段が手頃だから
3　世話が簡単だから
4　人懐っこいから

4番

1　ドアが開いているから
2　窓が開いているから
3　エアコンがないから
4　ストーブがついていないから

5番

1　帽子を忘れたから
2　バッグを忘れたから
3　バッジを忘れたから
4　時間に間に合わないから

6番

1　給料がよくないから
2　人間関係がうまく行っていないから
3　お客さんとうまく行っていないから
4　上司の態度がよく変わるから

問題3

問題3では、問題用紙に何もいんさつされていません。この問題は、全体としてどんな内容かを聞く問題です。話の前に質問はありません。まず話を聞いてください。それから、質問とせんたくしを聞いて、1から4の中から、最もよいものを一つ選んでください。

―メモ―

問題4

問題4では、問題用紙に何もいんさつされていません。まず文を聞いてください。それから、それに対する返事を聞いて、1から3の中から、最もよいものを一つ選んでください。

―メモ―

問題5

問題5では、長めの話を聞きます。この問題には練習はありません。
問題用紙にメモをとってもかまいません。

1番、2番

問題用紙に何もいんさつされていません。まず話を聞いてください。それから、質問とせんたくしを聞いて、1から4の中から、最もよいものを一つ選んでください。

―メモ―

　まず話を聞いてください。それから、二つの質問を聞いて、それぞれ問題用紙の1か
ら4の中から、最もよいものを一つ選んでください。

しつもん
質問1

1　相手の話を真面目に聞いていなかったこと
2　相手の信頼を得るための努力をしなかったこと
3　フィードバックを心がけなかったこと
4　聞き間違いが多かったこと

しつもん
質問2

1　相手の話を真面目に聞いていたから
2　相手の信頼を得るために積極的に努力したから
3　フィードバックの大切さを心得ていたから
4　先輩の注意があったから

模擬テスト

第 7 回

言語知識（文字・語彙・文法）・読解

（105分）

言語知識（文字・語彙）

問題1 ＿＿＿＿の言葉の読み方として最もよいものを、1・2・3・4から一つ選びなさい。

1 人の長所を見習って、自分の短所を補う。

　　1　たまう　　　　2　つくろう　　　3　おぎなう　　　4　おこなう

2 朝から快晴で、ピクニックに行きたい気分だ。

　　1　かいせい　　　2　かいじょう　　3　かいしょう　　4　かいせん

3 車のシートをタバコで焦がしてしまった。

　　1　せがして　　　2　こがして　　　3　やがして　　　4　あがして

4 彼の勇ましい行為は今でも美談として語り継がれている。

　　1　やかましい　　2　あつかましい　3　いさましい　　4　めざましい

5 親切で優しい大家さんにめぐり会えて、本当にラッキーでした。

　　1　たいか　　　　2　おおいえ　　　3　だいか　　　　4　おおや

問題2 ＿＿＿＿の言葉を漢字で書くとき、最もよいものを1・2・3・4から一つ選びなさい。

6 秋から冬にかけてかんそう肌に悩む女性が多い。

　　1　干燥　　　　　2　乾燥　　　　　3　干躁　　　　　4　乾躁

7 実力で相手におとるとはまったく思わない。

　　1　差る　　　　　2　低る　　　　　3　劣る　　　　　4　下る

8 今度の展覧会はおかげさまで無事しゅうりょうしました。

　　1　収了　　　　　2　修了　　　　　3　終了　　　　　4　習了

9 今日は休日出勤だから遅刻してもかまわない。

　　1　構わない　　　2　溝わない　　　3　講わない　　　4　購わない

10 彼女が結婚したことを風のたよりに聞いた。

　　1　信り　　　　　2　連り　　　　　3　頼り　　　　　4　便り

問題3 (   )に入れるのに最もよいものを、1・2・3・4から一つ選びなさい。

11　この仕事は(   )経験の人でも応募できる。

　　1　没　　　　　2　非　　　　　3　未　　　　　4　低

12　引越しのときの荷物の(   )詰めは面倒だ。

　　1　瓶　　　　　2　箱　　　　　3　缶　　　　　4　包

13　佐藤さんは一日(   )に水泳に行っているそうだ。

　　1　かけ　　　　2　おき　　　　3　隔て　　　　4　離れ

14　少子高齢化で若い働き(   )が足りなくなる。

　　1　員　　　　　2　人　　　　　3　者　　　　　4　手

15　今日は赤ちゃんを寝かせるのに(   )苦労した。

　　1　短　　　　　2　一　　　　　3　大　　　　　4　多

問題4 (   )に入れるのに最もよいものを、1・2・3・4から一つ選びなさい。

16　法律によると、貯金の利子は(   )の対象になる。

　　1　課税　　　　2　税関　　　　3　減税　　　　4　関税

17　昨日もらった風船が(   )天井から床に落ちていた。

　　1　しおれて　　2　しなびて　　3　しぼんで　　4　しぼって

18　鼻水や(   )がなかなか治らない人は花粉症にかかっているかもしれない。

　　1　あくび　　　2　くしゃみ　　3　いびき　　　4　ためいき

19　なんだか大きな肩の荷が(   )ような安堵感がある。

　　1　おちた　　　2　さがった　　3　なくなった　4　おりた

20　インターネットは(   )に私たちの生活に浸透した。

　　1　高速　　　　2　急速　　　　3　早速　　　　4　加速

21　彼女は国際ピアノ(   )で優勝し、一躍注目される存在となった。

　　1　コンサート　2　コンセント　3　コンクリート　4　コンクール

22　愛犬に死なれて、本当に(   )。

　　1　おかしい　　2　あやしい　　3　さびしい　　4　めずらしい

問題5 _____の言葉に意味が最も近いものを、1・2・3・4から一つ選びなさい。

23 彼が腹を立てるのもうなずける。

1　否定できる　　　2　納得できる　　　3　賛成できる　　　4　反対できる

24 彼女は結婚して幸せでゆたかな生活を送っている。

1　余裕のある　　　2　知恵のある　　　3　温もりのある　　4　思いやりのある

25 試験の前に過去の試験問題をあらためて練習しておいたほうがいい。

1　最初から　　　　2　はじめて　　　　3　もう一度　　　　4　あらかじめ

26 日本は非常に品質管理にうるさい国であるそうだ。

1　きびしい　　　　　　　　　　2　こだわらない

3　関心がない　　　　　　　　　4　経験がある

27 新卒入社で、希望の職種につけないことが転職のきっかけになる。

1　基本　　　　　2　時期　　　　　3　前提　　　　　4　契機

問題6 次の言葉の使い方として最もよいものを、1・2・3・4から一つ選びなさい。

28 分野

1　他人の意見を聞くことで自分の分野を広げることもできる。

2　必ずしも自分の希望する分野で働けるとは限らない。

3　オス猫は毎日自分の分野をうろうろして、見回りをしている。

4　飛行機から関東分野を見下ろして、その広さに驚いた。

29 投げる

1　日本人はゴミを勝手に投げてはいけないという意識を持っている。

2　カイロは寒がり屋の私にとって投げられないものだ。

3　どんな仕事でも手を投げてはいけない。

4　彼女は人生に絶望して川に身を投げた。

30 思いっきり

1　片思いの気持ちを彼に思いっきり打ち明けることにした。

2　人生はなかなか思いっきりに行かない。

3　ストレス発散に、山に向かって思いっきり大声で叫んだ。

4　もうだめだと思っていたら、思いっきり合格の通知が来た。

31 依頼

1 平和への依頼を込めて、手紙を書いた。

2 選手たちの顔は、長年の依頼がかなった喜びに満ちあふれていた。

3 デパートでは両親におもちゃを依頼する子どもの姿をよく見かける。

4 取引先に製品の仕様変更を依頼された。

32 さかのぼる

1 この問題については、根元にさかのぼって検討しないと結論が見えてこない。

2 二人は幸せな雰囲気に包まれ、未来をさかのぼってみた。

3 何もできないまま、振り出しにさかのぼった。

4 夜、コンビニでバイトをしているので、昼夜がさかのぼる。

言語知識（文法）

問題7　次の文の（　　　　）に入れるのに最もよいものを、1・2・3・4から一つ選びなさい。

33　（テレビで）

今日ご紹介したいのは、朝10分（　　　　）あればできる和風の朝食です。

1　を　　　　　　　2　で　　　　　　　3　も　　　　　　　4　は

34　この山の頂上には、微妙なバランスで立っていて（　　　　）倒れそうに見える巨大な岩がある。

1　今にも　　　　　2　まもなく　　　　3　せめて　　　　　4　ちっとも

35　この機械装置は24時間休む（　　　　）、稼働し続けるそうだ。

1　ことには　　　　2　ことなく　　　　3　ものなら　　　　4　しかなく

36　地下鉄2号線で行けば、乗り換え（　　　　）。

1　しないではいられない　　　　　　2　しないこともない

3　しないでおく　　　　　　　　　　4　しないですむ

37　幼なじみの健斗とは去年ちょっとした勘違いでけんかした（　　　　）、連絡を取っていない。

1　きり　　　　　　　　　　　　　　2　とたんに

3　ところで　　　　　　　　　　　　4　つもりで

38　彼が落ち込んでいる（　　　　）、彼女との話し合いがうまくいかなかったようだ。

1　以上は　　　　　　　　　　　　　2　としたら

3　ところをみると　　　　　　　　　4　のみならず

39　気力も体力も疲れきってしまったときには、無理せず休む（　　　　）。

1　に基づく　　　2　に限る　　　3　にかかわる　　　4　における

40　その有名な歌手は3年（　　　　）舞台に笑顔で現れた。

1　ぶりの　　　　2　おきの　　　　3　ことの　　　　4　ごとの

41　こんなに難しい問題はさすがの吉村先輩でも解け（　　　　）。

　1　かねない　　　2　っぽい　　　3　っこない　　　4　きれない

[42]　好きだ(　　　　　)、毎日同じ食べ物ばかり食べるのはよくないよ。

　1　ものの　　　　　2　ばかりか　　　3　からには　　　4　からといって

[43]　水泳の森田選手は、けがで充分な練習時間が確保できない(　　　　　)、練習方法
を工夫し、今大会で国内記録を更新した。

　1　ながらも　　　　2　つつも　　　3　だけでも　　　4　からでも

[44]　(ホームページで)
まずご自身で以下の内容を(　　　　　)、「同意する」ボタンをクリックしてください。

　1　確認させていただき　　　　　　　2　ご確認申し上げ
　3　確認して差し上げ　　　　　　　　4　ご確認いただき

問題8　次の文の___★___に入る最もよいものを、1·2·3·4から一つ選びなさい。

··

(問題例)

あそこで　___　___　___★___　___は山田さんです。

　　1　テレビ　　　2　見ている　　　3　を　　　4　人

(解答のしかた)

1. 正しい文はこうです。

あそこで ___ ___ ___★___ ___ は山田さんです。
1テレビ　3を　　2見ている　4人

2. ___★___に入る番号を解答用紙にマークします。

　　(解答用紙)　(例)　①　●　③　④

··

[45]　会社の決定に　___　___　___★___　___。

　　1　反対し　　　　　　　　　2　かねない
　　3　首にされ　　　　　　　　4　ようものなら

46 勉強はあまり得意ではないが、写真を ＿＿＿＿＿ ＿★＿＿ ＿＿＿＿＿ ＿＿＿＿＿ いない。

　　1　とること　　　　　　　　　　　　2　にかけては

　　3　出るものは　　　　　　　　　　　4　彼の右に

47 市民マラソン大会の当日は、＿＿＿＿＿ ＿＿＿＿＿ ＿★＿＿ ＿＿＿＿＿ こまめに水分を取ってください。

　　1　しまわない　　　2　倒れて　　　3　途中で　　　　4　ように

48 彼が就職の内定を ＿＿＿＿＿ ＿＿＿＿＿ ＿★＿＿ ＿＿＿＿＿ あるに違いない。

　　1　深いわけが　　　　　　　　　　　2　何か

　　3　辞退した　　　　　　　　　　　　4　からには

49 私が ＿＿＿＿＿ ＿＿＿＿＿ ＿★＿＿ ＿＿＿＿＿ のが今の夫なんです。

　　1　ところを　　　　　　　　　　　　2　危うく海に

　　3　助けてくれた　　　　　　　　　　4　溺れかけた

問題9　次の文章を読んで、文章全体の内容を考えて、 50 から 54 の中に入る最もよいものを、1・2・3・4から一つ選びなさい。

以下は、雑誌のコラムである。

　人と人が内容あるコミュニケーションをするとき、そのなかだちとなるのは、「言葉」です。ありがたい気持ち、あるいは申し訳ない気持ちを感じていても、それをどのように言葉に表すかによって、うまく伝わるかどうか違ってきます。また、人に何かを頼むときや言われたことを断るとき、どのような表現を使うかによって、相手の気持ちも 50 ものになります。

　 51 、「巧言令色 鮮 仁」のような言葉もあります。どのような表現をするにせよ、言葉の奥に「誠意」があることが必要です。しかし、一方で、いくら「誠意」があっても、うまく伝わらなければ、相手にとってはないのと同じだというのもまた現実です。相手を尊重する気持ちがあっても言語表現上のすれ違いがあれば、結果として相手を尊重する 52 。相手を尊重する気持ちがあるにもかかわらず、 53 をうまく表現できなかったという経験は、誰しも、多かれ少なかれある 54 。

50

1 まったく同じの　　　　　　　2 伝えられない

3 ずいぶん違った　　　　　　　4 伝わってくる

51

1 つまり　　　　　　　　　　　2 もちろん

3 それでは　　　　　　　　　　4 いわゆる

52

1 ことにはなりません　　　　　2 ことになるでしょう

3 と言わざるをえない　　　　　4 ことしかいいようがない

53

1 こんな思い　　　2 あの思い　　　3 その思い　　　4 相手の思い

54

1 にきまっているでしょう　　　2 にすぎないでしょう

3 ものではないでしょうか　　　4 というわけではないでしょう

問題10　次の（1）から（5）の文章を読んで、後の問いに対する答えとして最もよいも
のを、1・2・3・4から一つ選びなさい。

（1）

以下は、取引先から送ってきた手紙である。

202X 年5月8日

お客様各位

宮本電気　東京本社
住所: 東京都中央区深井町2-4
電話: 03-1489-3218

製造終了のお知らせ

拝啓　平素は格別のお引き立ていただき厚くお礼申し上げます。

　さて、この度、弊社では供給安定性を向上させるため、生産ラインの改造を行うこ
とになります。そのため、長年にわたってご愛顧いただいていた除湿機「FQ-101」につ
きまして、今年10月31日をもって製造を終了とさせていただきます。なお、代替品と
して推奨されている除湿機「TM-501」は、在庫が十分ございますので、お見積もりが
必要であれば送らせていただきます。

　この度の製造終了につきまして、ご迷惑をおかけいたしますことを深くお詫び申し
上げます。今後とも、宮本電気をご愛顧たまわりますようお願い申し上げます。

敬具

55　この手紙で伝えたいことは何か。

1　「TM-501」は10月31日以降は生産されない。

2　「FQ-101」はこれから生産されないが、代替製品がある。

3　「FQ-101」はこれから生産されないので、追加注文をしてほしい。

4　10月31日以降、「TM-501」は注文できないが、「FQ-101」は注文できる。

（2）

　生まれたばかりの赤ちゃんは「笑顔」に敏感です。笑いかけると、同じようにニコニコ
したうれしそうな顔で応えます。ところが「怒りの表情」や「泣き」顔を見せても、ほとん

ど反応しません。その理由を考えてみると、答えは一つしかありません。普通の赤ちゃんは母親の「笑顔」を見ながらお乳を飲んだり、オシメを替えてもらいますから、「笑顔」に対してプラス感情になっています。しかし怒りや悲しみの表情は、たいていは体験が欠けているので反応を示さないのです。

56 「生まれたばかりの赤ちゃんは『笑顔』に敏感です」とあるが、それはなぜか。
1　母親がいつもニコニコしているから
2　「笑顔」に対してプラスの感情になっているから
3　「笑顔」を見ると、食べ物がもらえるから
4　怒りや悲しみの表情を見たことがないから

（3）

　自分が先入観をもちやすいと自覚ができたら、ともかく、相手に質問をすることを心がけることだ。早合点しそうになったら、「君の言いたいことは、こういうことか」とたずねる。それを忘れると、早合点してしまう。たった、それだけの質問で、愚かさを見せずにすむ。もう一つの理解力のないタイプの人は、理解力をつけることを心がけてほしい。最も練習に良いのは、新聞の投書欄だ。投書は短く、言いたいことがはっきりしている。しかも、毎日更新される。毎朝、投書欄を読んで、その言いたいことを読み取る練習をしてはどうだろう。その際、キーワードを見つけて、その文章が何について語っているのかを明確にし、その文章が何に反対しているのかを考えれば、言いたいことは明確になる。

57 文章の内容と合っているものはどれか。
1　理解力のない人は早合点する傾向がある。
2　わからないことを相手に質問するのは愚かしい。
3　新聞に投書することで、自分の表したいことをはっきりさせることができる。
4　先入観をもちやすい人は、質問することで確認するとよい。

（4）

　以下はある会社の社員が、別の課の社員から受け取ったメールである。

> 営業課　井上様
>
> お疲れさまです。広報課の西本です。
> 昨日の会議で部長が発表されたとおり、15日から空気清浄機の新モデル発売に向けての営業課・広報課合同会議を始めます。15日は初回となりますので、営業課ではこれま

での各商品の売り上げについての資料をご準備ください。空気清浄機だけではなく、会社設立以来のすべての商品をお願いします。

初回の会議では、まずこちらから新モデルの概要と今後の宣伝企画案をご説明しますので、営業課のみなさんのご意見をお聞かせください。

どうぞよろしくお願いします。

広報課　西本

---

58 井上さんは、初回の会議までに何をしなければならないか。

　1　空気清浄機の過去の販売実績を説明する。

　2　全商品の過去の販売実績を示す資料を作成する。

　3　新モデルの概要と今後の宣伝企画案を作成する。

　4　広報課の宣伝企画案について営業課の意見をまとめる。

（5）

　「運も実力のうち」という言葉があるように、仕事をしていくうえで、あるいは、人生を過ごしていくうえで、この不思議なものが存在するのは確かである。運の強い人と仕事をすれば物事がうまく運び、弱い人と組むとどうにもうまくいかない。そんな、理屈では説明できないものがあるものだ。

　では、この「運」とはいったい何なのか。結局、物事に対する解釈の問題だと積極的に捉えていく。その先に運というものがついてくるのではないだろうか。

59 筆者が一番言いたいことはどれか。

　1　物事に対して積極的に解釈する人ほど運が良い。

　2　運の強い人と一緒に仕事をすれば物事がうまく運ぶ。

　3　実力のある人は運も良い。

　4　人生を過ごしているうえで、運が一番大切だ。

問題11　次の（1）から（3）の文章を読んで、後の問いに対する答えとして最もよいものを、1・2・3・4から一つ選びなさい。

（1）

　私にとっては、往復二時間ほど費やす満員電車の中が、自分に戻る絶好のチャンスだ。多くの人は満員電車が苦痛だというが、①私はあまり苦痛にならない。電話は来な

いし、人は話しかけないし、ゆっくりと自分のことを考えて、これから何をしたいのか、自分なりの計画を練ったりする。

「孤独」という言葉から孤立感を連想する人が多い。しかし「孤独」と「孤立」は少し違う。「孤独」には人生から切り離されたという寂しさがない。「孤立」には他人から拒否されて一人ぼっちという寂しさが付きまとう。私がいうのは前者のことである。

また（　　A　　）は自分をゆっくり取り戻せるので、人恋しさも出てきて、人と交わることが楽しくなっていく。いつでもどこでも、年中人と交わっていたら、人と付き合うのがいやになる。適度に（　　B　　）の時間を持つことは非常に大事なことである。

60 ①「私はあまり苦痛にならない」のはなぜか。

1　電車の中では「孤独」になれるから

2　電車の中では「孤立」するから

3　人と一緒にいると安心するから

4　別にやることはないから

61 筆者が考える、人との上手な付き合い方はどれか。

1　どんなときでも、人と交わるようにする。

2　どんなときでも、人と交わらないで自分の時間を大切にする。

3　自分の気分がいいときに、人と交わる。

4　人と交わらない時間を作って、大切にする。

62 （　A　）と（　B　）に入る言葉の組み合わせはどれか。

1　A：孤独　　B：孤立　　　　　2　A：孤独　　B：孤独

3　A：孤立　　B：孤独　　　　　4　A：孤立　　B：孤立

（2）

　品格のある人とは、何より人から信頼される人です。信頼されるには信頼される行動を取らねばなりません。信頼されるためにはすばらしい言葉を言うより、きちんとした行動を少しずつ積み重ねていかねばなりません。①信頼関係を築くためにはホームランは必要ありません。投げられたボールをこつこつとバットに当てていくだけです。具体的に言えば、約束した時間を守る。約束した仕事は約束した期限に仕上げる。出席すると言った会合には必ず出席する。電話すると言ったら電話する。誰かに紹介すると言ったら紹介する。送ると言った資料は必ず送る。あげると約束したものをあげる。見せてあげると言ったものを忘れずに見せる。一つ一つはたいしたことではありません。ついうっかり忘れてしまいそうなことです。でもこうした小さいことの積み重ねが、あなたの信用を作るのです。②ちょうど百円、二百円の小銭を口座に積み立てるようなもので

す。こうしたお金が積もりに積もって大きな財産になっていくように、日頃の約束を守る行動が、気がついたらあなたの信用状になり、あなたの品格を高めていくのです。

63 ①「信頼関係を築くためにはホームランは必要ありません。投げられたボールをこつこつとバットに当てていくだけです」とあるが、その説明について正しいのはどれか。

1 信頼関係を築くには大きな投資はいらない、普段の約束を守ればそれでいい。

2 信頼関係を築くには大したことはしなくてもいい、普段からの小さな努力が必要だ。

3 信頼関係を築くには野球に誘ったりしなくてもいい、普段一緒に食事などをしたら十分だ。

4 信頼関係を築くには自分から特に何もしなくてもいい、相手の親切や好意に応えればいい。

64 ②「ちょうど百円、二百円の小銭を口座に積み立てるようなものです」とあるが、その説明について正しいのはどれか。

1 毎日百円、二百円と貯めていくうちに、大きなお金となる。

2 普段の小さな約束を守るのは自分の信用口座に少しずつお金を貯めているのと似ている。

3 小さなことをやるにしても、百円、二百円の収益がもらえるので、お得だ。

4 百円、二百円ぐらいの金を出せば、自分の信用口座を作ることができるので、便利だ。

65 筆者が一番言いたいことはどれか。

1 すばらしい言葉を言う人は、人々に信頼されにくい。

2 信頼関係を守るために、時間を守るのが一番大切だ。

3 人々に信頼されるためには、自分の品格を高めなければならない。

4 信頼関係を築くためには、日頃からの約束を守らなければならない。

（3）

やるときはやるけれど、気が向かないとしない。芸術家ならそれでいいのでしょうが、会社の仕事はそういうやり方ではうまく行かないのです。

やる気が出てくるのを待つ人がいます。ひとたびやり始めると人の二倍も三倍もやってくれることがあるので、仕事のできる部類に入っていたりします。しかし、長い目で見ると、このタイプも感心しません。ムラがありすぎるからです。

ウサギとカメの競争と同じで、やる気に頼る人はウサギ型になってしまいます。会社

日連絡したほうがいいと述べている。

  4 Aは自分から連絡して仲良くしたほうがいいと述べ、Bは親しい友だちに限っ
    てよく連絡したほうがいいと述べている。

**問題13 次の文章を読んで、後の問いに対する答えとして最もよいものを、1・2・3・4か
    ら一つ選びなさい。**

　人間の感情というものは面白いものである。喜び、悲しみ、怒りなどの感情が生じて
きて、人間はそれを抑えてみたり、外に表わしたりする。そして、そのような感情が生
じてくるのには、それ相応のことが生じており、だいたいにおいて、それがどうして生
じてきたのか説明できるものである。

　ところが、いわゆるイライラするとき、というのは、そのわけがわかっているよう
で、その実は、ことの本質がわかっていないときが多いのではなかろうか。

　イライラというのは、人間の落ち着きをなくさせるが、その落ち着きのなさは、何か
不可解なものが存在していることを示しているように思われる。

　ある奥さんが、自分の夫の話しぶりを聞いていると、何かイライラして仕方がないと
嘆かれる。それまでは、ものの言い方がすこし遅いなと感じるくらいだったが、①最近
は、もっとピシッと(注1)すればいいのに、という感じがしてきて、何となくしまりのない
のにイライラしてしまう。夫が話をはじめると、「もっと速く」とか「はっきりと」とか横
から言いたいくらいになる、と言う。

　（　②　）、この男性のテンポが少し遅いことは事実である。彼の夫人がそれを気
にするのもうなずける(注2)。しかし、彼女が言うほどにもイライラするのはどうかなと思
われる。こんなとき、わたしが彼女の立場にあるとしたら、「イライラするのは、何かを
見通していないからだ」と心の中で言ってみて、イライラを直接に夫にぶっつける前に、
見通してやろうとする目を自分の内部に向けて、探索してみるだろう。

　このように言っても、イライラというものは、落ち着きを無くさせるし、それを相手に
ぶっつけないとたまらないような性格を持っているので、そんな悠長なことを言っておか
れるか、ということになるが、それだからこそ余計に、今述べたようなことが必要なので
ある。イライラは、自分の何か——多くの場合、何らかの欠点にかかわること——を見出
すのを防ぐために、相手に対する攻撃として出てくることが多いのである。

　さて、さきほどの女性の場合は、私と話し合っているうちに、ふと、自分自身がぜひ
やらなければならぬ仕事を、のばしのばししてきていることに気づかれたのであった。
自分がなすべき仕事に「遅れを取っている」ことが、夫の話の遅さと妙な引っかかりをつ
くったというわけである。そのことに気づき、自分の仕事をはじめると、今までイライ
ラのもとだった、夫の話し方、やはり時には腹の立つ時もあるが、それまでのようにや

たらにイライラを引き起こす種にならなくなった、とのことである。

（注1）ピシッと：はっきりと

（注2）うなずける：理解できる

---

71 ①「最近は、もっとピシッとすればいいのに、という感じがしてきて、何となくしまりのないのにイライラしてしまう」とあるが、その説明について、正しいのはどれか。

1 夫の話がまわりくどいので、もっと簡単に話せないのかと、イライラしてしまう。

2 自分の夫に対する話が婉曲的すぎて、もっと直接的に話せばよかったのに、とイライラしてしまう。

3 自分の話が遅すぎて、もっと速く話したいと思っているが、かえってイライラしてしまう。

4 自分の夫に対する話し方があまりにもきついので、もっとやわらかく話せたらいいのに、とイライラする。

72 （　②　）に入れる言葉として正しいのはどれか。

1 ところが

2 にもかかわらず

3 たしかに

4 または

73 文章の内容と合っているものはどれか。

1 人がいらいらするのは、自分の感情をコントロールできないからだ。

2 イライラとする気持ちは、相手に対する攻撃として表れる場合が多い。

3 人がいらいらするのは多くの場合、見ていられないからだ。

4 人はなぜイライラするのか、その原因はまだ定かではない。

問題14　次の、「外国人登録証の申請手続きの案内」を読んで、下の問いに対する答えとして、最もよいものを1・2・3・4から一つ選びなさい。

74 外国人登録証の申請提出時間について、正しいのはどれか。

1 外国人の場合、日本に入国した三ヶ月後から申請できる。

2 日本国籍を離脱したものはいつでも申請できる。

3 日本に到着してから三ヶ月以内に提出しなければならない。

4 日本に三ヶ月以内滞在するものは申請できる。

75 表の内容と合っているものはどれか。

1 外国人登録証を申請する場合、特別な書類などは要らない。

2 新規登録の場合、パスポートと写真2枚を提出しなければならない。

3 外国人登録証を申請する時、手数料は要らないが、証を作るコスト費がかかる。

4 市役所の勤務時間によって、平日の午後、申請できない場合もある。

手　　続　　名	新規登録の申請
手　続　対　象　者	外国人
提　　出　　時　　期	1　入国の日から90日以内 2　出生、日本国籍離脱等の日から60日以内
提　　出　　方　　法	居住地の市区町村窓口において外国人登録申請書に記入の上、旅券及び写真とともに提出してください。
手　　数　　料	手数料はかかりません。
添付書類・部数	・旅券　・写真2枚（16歳未満の場合は不要）
申　請　書　様　式	・外国人登録申請書（表裏） ・申請には特殊用紙の使用が必要ですので、本様式は申請には使用できません。
記載要項・記載例	記載する際の注意事項及び記載例は窓口で無料配布しております。
提　　出　　先	居住地の市区町村役場の担当窓口
受　　付　　時　　間	平日午前9時から同12時、午後1時から同4時（地方により曜日又は時間が設定されている場合がありますので、各市区町村役場インフォメーションセンターにお問い合わせください。）
不服申立方法	なし

模擬テスト

第７回

聴　解

（50分）

問題1

　問題1では、まず質問を聞いてください。それから話を聞いて、問題用紙の1から4の中から、最もよいものを一つ選んでください。

1番

1　田中さん

2　吉田さん

3　林さん

4　佐藤さん

2番

1　著者の紹介→本文→絵

2　著者の紹介→目次→本文

3　目次→本文→著者の紹介

4　本文→目次→著者の紹介

3番

1　ボランティア活動の情報を調べる

2　やりたい活動を決める

3　申込書をダウンロードする

4　受付で申し込む

4番

1　アサリを砂抜きする→だし汁でアサリを煮る→アサリを調味する→アサリを冷ます

2　だし汁でアサリを煮る→アサリを砂抜きする→アサリを調味する→アサリを冷ます

3　だし汁でアサリを煮る→アサリを冷ます→アサリを砂抜きする→アサリを調味する

4　アサリを砂抜きする→だし汁でアサリを煮る→アサリを冷ます→アサリを調味する

5番

1　文字の色

2　割引の数字

3　セールの期間

4　店舗の名前

問題2

　問題2では、まず質問を聞いてください。そのあと、問題用紙のせんたくしを読んでください。読む時間があります。それから話を聞いて、問題用紙の1から4の中から、最もよいものを一つ選んでください。

1番

1 掃除機自体の価格は高くないけど、買った後お金がかかること

2 ゴミがまとまっているので、捨てにくいということ

3 週に1回水洗いをしなければいけないということ

4 騒音がうるさいということ

2番

1 ダイエットが成功したこと

2 体の柔軟性が向上したこと

3 気持ちがよくなったこと

4 ストレス解消になったこと

3番

1 時間を間違えたから

2 場所を間違えたから

3 駅員に止められたから

4 警察に事情聴取されたから

4番

1 ベランダから落ちたから

2 家の屋根から落ちたから

3 庭の木から落ちたから

4 窓から落ちたから

5番

1 残業が減ったから

2 彼女ができたから

3 マイホームを買ったから

4 夜、よく眠れるようになったから

6番

1 飲酒運転

2 スピードの出しすぎ

3 居眠り運転

4 脇見運転

問題3

問題3では、問題用紙に何もいんさつされていません。この問題は、全体としてどんな内容かを聞く問題です。話の前に質問はありません。まず話を聞いてください。それから、質問とせんたくしを聞いて、1から4の中から、最もよいものを一つ選んでください。

―メモ―

問題4

問題4では、問題用紙に何もいんさつされていません。まず文を聞いてください。それから、それに対する返事を聞いて、1から3の中から、最もよいものを一つ選んでください。

―メモ―

問題5

問題5では、長めの話を聞きます。この問題には練習はありません。
問題用紙にメモをとってもかまいません。

1番

問題用紙に何もいんさつされていません。まず話を聞いてください。それから、質問とせんたくしを聞いて、1から4の中から、最もよいものを一つ選んでください。

―メモ―

2番

　まず話を聞いてください。それから、二つの質問を聞いて、それぞれ問題用紙の1から4の中から、最もよいものを一つ選んでください。

質問1

1　エコバッグ
2　買い物籠
3　環境保護
4　お買い得サービス

質問2

1　値段が高いから
2　寄り道した場合には気楽に出して使えないから
3　場所をとるから
4　壊れたら返せないから

模擬テスト

第 8 回

言語知識（文字・語彙・文法）・読解

（105分）

言語知識（文字・語彙）

問題1 ＿＿＿＿＿の言葉の読み方として最もよいものを、1・2・3・4から一つ選びなさい。

1 ぜひこの新製品をお試しください。

1 ここし　　　　2 こぼし　　　　3 ためし　　　　4 なおし

2 娘が家出をしたきり、行方不明になっていた。

1 いえしゅつ　　2 いえで　　　　3 うちしゅつ　　4 うちで

3 この会社は中国の工場で100名以上も工員を雇っている。

1 もらって　　　2 つかって　　　3 つのって　　　4 やとって

4 新しい洗濯機のおかげで家事が楽になった。

1 らく　　　　　2 がく　　　　　3 たく　　　　　4 まく

5 このコートには取り外し可能な毛皮のえりがついている。

1 けかわ　　　　2 けがわ　　　　3 もうかわ　　　4 もうがわ

問題2 ＿＿＿＿＿の言葉を漢字で書くとき、最もよいものを1・2・3・4から一つ選びなさい。

6 都心の高層ビルのおくじょうからの夜景はすばらしい。

1 奥上　　　　　2 屋上　　　　　3 奥場　　　　　4 屋場

7 メーカーから製品をおろして、ネットで販売する。

1 下して　　　　2 降して　　　　3 卸して　　　　4 落して

8 弟は内気で、自分のからに閉じこもっている。

1 殻　　　　　　2 柄　　　　　　3 表　　　　　　4 箱

9 今日はみょうに気分が優れない。

1 砂　　　　　　2 秒　　　　　　3 紗　　　　　　4 妙

10 政権こうたいしても、国民の生活に大きな変化はないだろう。

1 互代　　　　　2 交替　　　　　3 互待　　　　　4 交待

問題3　（　　　　）に入れるのに最もよいものを、1・2・3・4から一つ選びなさい。

11 定年退職した父は自己（　　　　）でピアノを練習している。

　　1　流　　　　　　2　式　　　　　　3　族　　　　　　4　制

12 この番組はスポーツ（　　　　）に関するニュースを伝える。

　　1　共同　　　　　2　共通　　　　　3　全般　　　　　4　全体

13 期限（　　　　）の薬を処分した。

　　1　過ぎ　　　　　2　切れ　　　　　3　超え　　　　　4　経ち

14 この会社では3か月の（　　　　）採用の期間を経て正社員になる。

　　1　初　　　　　　2　試　　　　　　3　仮　　　　　　4　短

15 （　　　　）天候の影響で今日は欠航になった便が多い。

　　1　猛　　　　　　2　特　　　　　　3　劣　　　　　　4　悪

問題4　（　　　　）に入れるのに最もよいものを、1・2・3・4から一つ選びなさい。

16 注文が多すぎて生産が（　　　　）状況だ。

　　1　追い越さない　　　　　　　　　2　追いつかない

　　3　追いかけない　　　　　　　　　4　追い返さない

17 井上さんは毎朝どんなに急いでいてもひげだけはきれいに（　　　　）いるようだ。

　　1　ひいて　　　　2　きって　　　　3　そって　　　　4　ぬいで

18 子どもの学力（　　　　）の原因は単にゆとり教育の問題ではない。

　　1　低下　　　　　2　低迷　　　　　3　低級　　　　　4　下級

19 担当者が席を（　　　　）いる場合の電話応対マナーを覚える。

　　1　はずして　　　2　はなれて　　　3　はがして　　　4　はなして

20 みそラーメンを頼んだが、味が（　　　　）すぎて食べられなかった。

　　1　あさ　　　　　2　おも　　　　　3　あら　　　　　4　こ

21 大学の図書館では、学生証を（　　　　）すれば本が借りられる。

　　1　提出　　　　　2　表示　　　　　3　提示　　　　　4　指示

22 暖房装置の整備、清掃はもっとも基本的な省(　　　　　)対策の一つだ。

　　1　エンジン　　　　　2　エネルギー　　　3　エチケット　　　4　エプロン

問題5　_____の言葉に意味が最も近いものを、1・2・3・4から一つ選びなさい。

23 昨日の失敗は今日の成功に<u>つながって</u>いる。

　　1　もとづいて　　　2　みちびいて　　　3　むすびついて　　4　むけて

24 これは犯罪に<u>ひとしい</u>行為だ。

　　1　相当する　　　　2　用心する　　　　3　挑戦する　　　　4　対抗する

25 そのような侮辱行為に彼女が怒るのも<u>もっとも</u>だ。

　　1　可能だ　　　　　2　当然だ　　　　　3　無理だ　　　　　4　心配だ

26 <u>あくまでも</u>自分の信念を貫く。

　　1　いつの間にか　2　改めて　　　　　3　徹底的に　　　　4　思わず

27 どこにいても、何があっても、ずっとあなたの<u>みかた</u>だよ。

　　1　友だち　　　　　2　指導者　　　　　3　お守り　　　　　4　支持者

問題6　次の言葉の使い方として最もよいものを、1・2・3・4から一つ選びなさい。

28 折れる

　　1　去年植えたツバキが<u>折れて</u>しまったと思っていたら新芽が出てきた。

　　2　<u>折れない</u>心を作るためには、自己肯定力を強くする必要がある。

　　3　両国の貿易交渉は一時<u>折れ</u>ました。

　　4　洗濯物を<u>折れて</u>タンスの中にきれいにしまう。

29 表現

　　1　部長が黙って暗い<u>表現</u>をしているので、みんなが気をつかっていた。

　　2　深刻なうつ病の人ほど気を使って明るく<u>表現</u>している。

　　3　擬声語、擬態語などは日本語の繊細な<u>表現</u>方法である。

　　4　この薬は食前に飲んだほうが効果が<u>表現</u>しやすい。

30 そのうち

1 何度も繰り返し練習すると、そのうち上手に描けるようになるよ。

2 真っ青に晴れていた空が、そのうち黒雲で覆われはじめた。

3 彼は水を飲んで、そのうち話し始めた。

4 叶わない恋だと分かっているが、そのうちあきらめたくない。

31 満ちる

1 電車の中は身動きもできないくらい満ちていた。

2 すばらしい景色に満ちた海沿いの温泉地だ。

3 現状に満ちていないなら自分が変わらなければならない。

4 人生は喜びと悲しみに満ちている。

32 会計

1 食事が終わる少し前に会計を済ませたほうがいい。

2 最新会計によると、失業率は依然として上昇を続けている。

3 試験のとき、会計ミスは命取りになりかねない。

4 商品金額が会計2,000円以上の場合、無料配送できる。

言語知識（文法）

問題7　次の文の（　　　　）に入れるのに最もよいものを、1・2・3・4から一つ選びなさい。

33　A「おなかすいた。ケーキでも食べない？」

　　　B「あー、食べたいなあ。でも、ダイエットすると決めた（　　　　）、それくらいは我慢しないといけないね。」

　　　1　限り　　　　　　　2　一方で　　　　　　3　以上　　　　　4　次第

34　相手のことを深く愛している（　　　　）、別れを選ぶということもある。

　　　1　からこそ　　　　2　からには　　　　3　どころか　　　4　もので

35　小学校（　　　　）教育は、子どもたちの将来のために非常に重要だ。

　　　1　にかわる　　　　2　における　　　　3　からなる　　　4　からみる

36　調査報告書を書く（　　　　）書いたが、満足のいくできではない。

　　　1　だけに　　　　　2　だけで　　　　　3　だけの　　　　4　だけは

37　　孫「このアプリを使えば、カメラに写すだけで植物の名前がわかるよ。」

　　　祖母「すごいね。私が若いころにもそれがあれば、（　　　　）便利だったかな。」

　　　1　どうしても　　　2　どれだけ　　　3　どのように　　4　どうやって

38　このスリッパは、駅前のお店でほかの商品を買う（　　　　）買ったものだが、意外に長持ちした。

　　　1　ついでに　　　　2　たびに　　　　　3　なかを　　　　4　くせに

39　実物を（　　　　）、なかなか買う気になれない。

　　　1　見てはじめて　　　　　　　　　　2　見ながら

　　　3　見ないことには　　　　　　　　　4　見かけて

40　あの映画を見たら、だれでも感動（　　　　）だろう。

　　　1　しないことはない　　　　　　　　2　してはいられない

　　　3　せざるをえない　　　　　　　　　4　せずにはいられない

41　考えに考えた（　　　　）、今の会社を辞めることにした。

　　　1　とたん　　　　　2　うちに　　　　　3　あげく　　　　4　くせに

42 あの方には一度も(　　　　)ことがありません。

1　お目にかけた　　　　　　　　2　お目にかかった

3　ご覧になった　　　　　　　　4　拝見した

43 あの患者は重い病気で、一人では食事(　　　　)。

1　せずにはいられない　　　　　2　するしかないほどだ

3　さえとっている　　　　　　　4　すらできない

44 お家の電気をつけ(　　　　)出かけてしまった。

1　にして　　　　　　　　　　　2　かけて

3　っぱなしにして　　　　　　　4　ままにして

問題8　次の文の＿＿＿★＿＿＿に入る最もよいものを、1・2・3・4から一つ選びなさい。

（問題例）

あそこで ＿＿＿＿ ＿＿＿＿ ＿★＿＿ ＿＿＿＿ は山田さんです。

　　　1　テレビ　　　　2　見ている　　　3　を　　　　4　人

（解答のしかた）

1. 正しい文はこうです。

あそこで ＿＿＿＿ ＿＿＿＿ ＿＿★＿＿ ＿＿＿＿ は山田さんです。
1テレビ　　3を　　　2見ている　　4人

2. ＿＿★＿＿に入る番号を解答用紙にマークします。

　　（解答用紙）　（例）　①　●　③　④

45 初対面の人と会話する場合、自分の趣味や最近の出来事などを ＿＿＿＿＿ ＿＿＿＿ ＿★＿＿ ＿＿＿＿、話が弾みやすい。

1　おく　　　　　2　説明できる　　　3　と　　　　　4　ようにして

46 この老舗の旅館は ＿＿＿＿ ＿＿＿＿ ＿★＿＿ ＿＿＿＿ 予約が取れにくい。

1　休日　　　　　　　　　　　　2　にしても

3　はもちろん　　　　　　　　　4　平日

— 189 —

47 この別荘は ＿＿＿＿ ＿＿＿＿ ★ ＿＿＿＿ 工夫されている。

1　形や　　　　　　　　　　　　2　自然の

3　作り方が　　　　　　　　　　4　条件に応じて

48 ＿＿＿＿ ＿＿＿＿ ★ ＿＿＿＿ 知らせがあった。

1　ことに　　　　　　　　　　　2　留学中の兄が今度の休みに

3　うれしい　　　　　　　　　　4　帰ってくるという

49 留学生会館で ＿＿＿＿ ＿＿＿＿ ★ ＿＿＿＿ という夢を持つようになった。

1　国連で仕事をしたい　　　　　2　友達になった

3　いろいろな国の人と　　　　　4　のをきっかけに

問題9　次の文章を読んで、文章全体の内容を考えて、 **50** から **54** の中に入る最もよいものを、1・2・3・4から一つ選びなさい。

以下は、雑誌のコラムである。

　数年前に、ある雑誌に「会社人間の死と再生」というテーマで毎月ビジネスマン＆ウーマンを集めて座談会をやったことがあった。当初は、建設業など斜陽産業の現場で働く人の声を聞く、という感じだったが、そのうち参加者はいろんな職業 **50** 。建設業、都市銀行、旅行代理店、商社、外資系金融機関、起業者、特殊法人、フリーターなど、多くの人と会ったが、 **51** のが、起業した人たちで、そのつぎが転職の経験者だった。明るい **52** 、さばさばした自由な雰囲気があって、会社は人に賃金やプライドや帰属意識を与える代わりに、人格を縛る場合もあることを知った。

　一時、転職はブームのようになったことがあった。終身雇用が主流の時代には、転職は最初からネガティブなものとして考えられていた。勤めていた会社が倒産したとか、能力が低いとか、協調性がないとか、転職者のイメージは **53** 。バブルが終わって日本経済が長い低迷期に入ったあと、急に転職が声高に語られるようになるわけだが、それは前の時代の反動が大きく作用している。当たり前だが、転職は、いいことでも悪いことでもない。わたしは転職すべきでしょうか、と問う人が百人いたら、 **54** 。その人の能力や適性、それに職場の環境や労働条件などによって答はまったく違うものになる。

50

1　にたっした　　　　　　　　　2　にのぼった

3　におよんだ　　　　　　　　　4　にちかづいた

51

1　もっとも明るかった　　　　　2　全然明るくなかった

3　少し暗かった　　　　　　　　4　あまり暗くなかった

52

1　といえば　　　2　というか　　　3　といったら　　　4　というと

53

1　よくなってきたようだ　　　　2　ずいぶん変わってきた

3　変わっていくだろう　　　　　4　だいたいそんなものだった

54

1　答は同じだ　　　　　　　　　2　答は百通りある

3　答は出てこない　　　　　　　4　答は難しくなるのだ

読　解

問題10　次の（1）から（5）の文章を読んで、後の問いに対する答えとして最もよいも
　　　　のを、1・2・3・4から一つ選びなさい。

（1）
　　以下は、ある会社の社内メールである。

社員各位

お疲れさまです。システム部の小島です。

下記のとおり、システムメンテナンスを実施いたします。
メンテナンス中は、社内システム及び、社外へのインターネットが使用できません。
以下の詳細をご確認の上、ご理解とご協力をお願いします。

　　　　　　　　　　　　　　　　　記
日　　　時：202X 年10月21日（土）9：00～22日（日）18：00
　　　　　　※メンテナンス終了時間は変更になる場合がありますのでご注意くだ
　　　　　　さい。
影響範囲：社内システム全般、社外へのインターネット接続
お問い合わせ先：システム部
担当：小島（内線：0012）

以上、よろしくお願いします。

55　このメールで伝えたいことは何か。

　　1　小島さんが担当であることを知らせる。

　　2　システムメンテナンスを行うことを知らせる。

　　3　社外へのインターネットが使えるか確認してほしい。

　　4　メンテナンスの終了時間が決まっていないことを教える。

（2）
　　私たちは、自分に対しても他人に向かっても、「頑張る」とか、「頑張ろう」「頑張れ」

と、しばしば口にする。しかし、考えてみると、この言葉の意味合いは、かなりあいまいだ。たとえば、耳の聞こえない子どもに、先生が「頑張れ」と繰り返し声をかけた。その子はいった。「わたしは頑張っている。でも、どこまでやっても、頑張れ、としかいわれない」。先生は励ましたつもりだろうが、なにを、どの程度、どうすればいいのか、はっきりしない。「頑張る」は、どこか、せかせかした感じだ。<u>「頑張れ」には、ときに無神経で残酷な響きがある</u>。

56 <u>「『頑張れ』には、ときに無神経で残酷な響きがある」</u>とあるが、その理由として考えられるものはどれか。
1 もともと自分に対して使う言葉で、他人に使う言葉ではないから
2 すでに十分頑張っているのに、もっと要求される感じを受ける言葉だから
3 何をどう頑張ったらいいのか、具体性がないから
4 社会地位や年齢の高いものが、低いものに対して使う言葉だから

(3)

　お辞儀が本来であるはずの日本のあいさつに、最近やたらと握手が入り込んでいる。とりわけ、芸能人や政治家の一部に、親しみをこめた大げさな握手をする人が目立つ。これは握手が単なるあいさつではなく、親しみの伝達に使われているからだろう。それが証拠に、パーティーで出会ったときに握手する人も、別れるときには、握手しない人が多い。ところが握手の本場の欧米では、握手は「こんにちは」なり、「さようなら」のあいさつに過ぎない。親しみを特にこめようとするなら、キスしたり、抱き合ったりするだろう。東洋と西洋では、<u>握手をする時の相手との心理的距離感は違うのだ</u>。

57 <u>「握手をする時の相手との心理的距離感は違うのだ」</u>とあるが、「握手」の意味について、文章の内容と合っているものはどれか。
1 日本では相手への親しみの感情を表している。
2 日本では出会いの挨拶の気持ちだけを表す。
3 欧米では相手への親しみの感情を表している。
4 欧米では別れの挨拶の気持ちだけを表す。

(4)

　昨今の不景気の波の中で、今や大学を出ても就職が困難になってきた。苦労して子どもを大学に入れ、高い学費を投資したのに、職にも就けない子どもを抱えて、親の嘆きは深刻である。最近、大学のあり方について痛切に感ずるところが多々あった。大学が

多すぎるのと、日本の大学は入るまでは詰め込み受験勉強をするが、入ったら最後、学生は遊びにうつつを抜かし(注)、教師もそういう学生に情熱を失い、形ばかりの講義で義務を果たしたと思ってしまう。何が問題かという点を、この際、大学側と父兄側一緒になって大学について考え直し、見直す時期が来ているのではないだろうか。

(注)うつつを抜かし：あることに夢中になり、心を奪われる。

58 筆者が最も言いたいことはどれか。

　　1　不景気の中で、今や大学を卒業しても就職ができない人が多い。

　　2　日本の大学のあり方には様々な問題があり、見直すべきだ。

　　3　詰め込み式教育では、優れた人材を育てることができない。

　　4　日本の大学生は遊びに夢中で、卒業しても就職は困難だ。

（5）

　以下は、ある大学の教授がある学生から受け取ったメールである。

中村教授

いつもゼミではご指導いただきありがとうございます。
経済学部国際経済学科3年の森です。

卒業論文のテーマと構成を書きましたが、
ご確認いただけないかと思いご連絡いたしました。
教授のご都合のよろしいお時間に研究室をお訪ねしたく存じます。
お忙しいところ恐縮ですが、1時間ほどお時間をいただけないでしょうか。
また、論文がうまくまとまっていない原因は、
参考資料が少ないことだと思います。
もしも、教授のお手元にお貸いただける書籍がございましたら、
お借りできれば幸いです。

お忙しいところ大変恐縮ではございますが、
なにとぞよろしくお願い申し上げます。

森　　加奈子

---

59 このメールを書いた一番の目的は何か。

1　教授に卒業論文のテーマと構成を確認してほしい。

2　教授に都合のいい時間を教えてほしい。

3　なぜ論文がうまくまとまっていないか説明する。

4　教授に参考資料を貸してほしい。

問題11　次の（1）から（3）の文章を読んで、後の問いに対する答えとして最もよいものを、1・2・3・4から一つ選びなさい。

（1）

　集めたわけでもないのに、私の家には時計がたくさんある。買った時計はたった一つで、壁にかけてあるアナログ型の時計だけである。数字も大きくて見やすいし、遅れたり止まったりすることもあまりないし、音も静かなので、私も妻も大変気に入っている。

　あとのものは、自分から集めようと思って買い集めたのではない。ビデオや電子レンジや全自動洗濯機などに付いていて、一秒一秒数字を変えていく、あのデジタル型のものである。①これが大変落ち着かない。見ているだけでせきたてられるようだ。妻はパンを焼く時でさえ、「30秒待って」とか「あと15秒」などという。パンが焼けたかどうかを判断するのに自分の目よりも、時計の方を大切にしているようだ。私の方はテレビを見ていても、目がすぐデジタルの数字へ行ってしまう。「7：58」が「7：59」に変わるのを見ると、「あっ、あと60秒で8時か」と思ったりする。昔は、一分一秒などという短い時間は問題にしなかったものである。（　　②　　）最近ではどうでもいいようなことにまで、時間を気にしすぎているように思う。

　先日、事故でマンションの電気が5分止まった。たった5分だけだったのに、そのあとが大変だった。電気がついたとき、正確に動いていたのは壁掛け時計と私の腕時計だけであった。私と妻は家中の時計を合わせるのにとても苦労した。時間を大切に使うための時計なのに、かえって時計に時間をとられてしまった。これでは何のために時計があるのか、分からない。このように時計に影響される生活はいつごろ始まったのだろうか。

60　①「これが大変落ち着かない」とあるが、なぜ落ち着かないのか。

1　刻々と変わる数字の変化にせきたてられるような気持ちになるから

2　自分の感覚よりも時計のほうをもっと信じるようになっているから

3　時計に時間をとられてしまったから

4　何もしていないのに時間が過ぎてしまうから

61 （ ② ）に入れる言葉として正しいのはどれか。

　　1　それは　　　　　　2　それで　　　　　3　それが　　　　　　4　それに

62 文章の内容と合うものはどれか。

　　1　この人の家の時計は、みんな人からもらったものである。

　　2　デジタル型の時計には、いらいらさせられる。

　　3　昔は、一分一秒とせきたてられるような生活を送っていた。

　　4　奥さんは、料理をするとき、時計よりも自分の感覚の方を大切にしている。

（2）

　　大学には博物館がある。もちろん、西欧の話である。わが国の大学には、そういうものがほとんどない。①不急不要なものと見なされているからであろう。

　　中学・高校では、博物館を見学する。社会人も博物館を訪れる。面白いことに、大学教育だけが、博物館と縁がない。その具体的な理由は、ここでは言わない。

　　この国は、何事も実利と効用である。これは、私が言ったことではない。ある法学部の先生が言われたことである。医学部という実学の府にいて、解剖学のなかでも「ただの解剖」という、特別に役に立たない仕事をしていると、②それを痛感する。標本を作ったところで、それが役に立つ保証はない。あるものが「存在する」、それを告げ知らせることができるだけである。同様に、博物館もまた、実利と効用に十二分に縁のないところであろう。

　　我々の脳は、その中にないものを、存在しないと見なす器官である。存在しなければ、それについて考える必要はない。けれども、そういう人が増えれば、世界もどんどん単調化する。事実、世界はどんどん単調化している。大都会なら、どこも同じ顔つきである。ビルの写真だけとっていれば、どこの町か、区別がつかないであろう。

63 なぜ博物館は①「不急不要のものと見なされている」のか。

　　1　中学生や高校生、それに社会人も博物館を見学したり訪れたりするから

　　2　わが国では、大学に博物館を作ることは非常に難しいことであるから

　　3　博物館は、わが国にとって実利と効用には縁がないところであるから

　　4　大学で行われている教育は、博物館とは全く関係がないものであるから

64 ②「それ」とは何を指すか。

　　1　「ただの解剖」という特別に役に立たない仕事をしていること

　　2　この国は、何事も実利と効用であるということ

　　3　標本を作ったところで、それが役に立つ保証はないということ

4 あるものが「存在する」ことを告げ知らせること

65 筆者がこの文章で言おうとしていることは何か。

1 世界がどんどん単調化していて、大都会がどこも同じであることが不思議である。

2 人間は、実際に存在しているものにしか興味や関心を持たない。

3 博物館は実利と効用に縁がないので、存在する必要がない。

4 実利と効用優先でわからなくなっている今の社会は異常である。

（3）

　外出時、一番疲れるのは体のどの部分か問われれば、それは日本の場合、①間違いなく耳である。車や工事の音ならまだ仕方ないとも思えるが、我慢ならないのは一方的に浴びせられる音楽である。

　最寄の駅に着くまでにも、商店街全体に設置されたスピーカーから流している曲、各商店やファーストフード店などが店の外に向けて流している曲を最低五、六曲は聴かされる。しかもそれらは混ざり合って、まったくわけがわからない。②商店主は音楽を流すと客が寄ってくると信じているようだ。

　JRに乗れば各駅を発車する度に流される珍妙な音楽。しかも音質が悪くてスピーカーが割れそうな音がしている。昔の発車ベルの方がまだ良かった。かえってあの無機的な音のほうが楽音よりも耳障（みみざわ）りではなかった。しかも最近、駅のコンコースにBGMを流しているところもあり、この先、電車の中にも音楽を流そうなんてことにならぬよう、祈るような気持ちである。

　ちょっと腹ごしらえをしようと飲食店に入れば、ここでもBGMが。ボリュームが大きければ大きいほど客の話し声も大きくなるので、若向きの店では客同士がほとんど怒鳴りあっている。

　こんな状態の後音楽会に行ったとしても、耳はすでに「使用済み」のようなもの。特に微小なピアニッシモを味わうのはほとんど無理といってもよい。

　ある公立ホールのアドバイザーをした時、最寄の駅の「発車音楽」を含むすべてのスピーカー使用をやめてもらうこと、駅からホールまでの商店の店外に設置されたスピーカーの撤去、付近の飲食店でのBGMストップ要請を提案したが、③ダメだった。ホールという点だけでなく周辺の環境まで考えてはじめて「文化都市」作りができると思ったのだが。

66 ①「間違いなく耳である」とあるが、外出時、一番疲れるのはどうして「間違いなく耳」なのか。

1　街には車が非常に多く、工事をしているところも多いから

2　最寄の駅に着くまでにはいつも音楽を聞きながら歩くから

3　音楽を聞くことに我慢ならないから

4　街には、一方的に浴びせられる音楽があまりにも多いから

67 ②「商店主は音楽を流すと客が寄ってくると信じているようだ」とあるが、ここには筆者のどのような気持ちが込められているか。

1　店で音楽を流せば客がたくさん来るというのは正しい。

2　音楽を流したところで客が寄ってくるわけではない。

3　商店主はどんな音楽を流せばいいか、よく考えなければならない。

4　音楽を流せばどんどん客が寄ってくるという時代はもう終わってしまった。

68 ③「ダメだった」とあるが、ここに込められている筆者の気持ちとして、最も適当なものはどれか。

1　駅や商店街の人たちにBGMストップ要請をこれからも続けていきたい。

2　頼まれても、もう公立ホールのアドバイザーなどをするべきではない。

3　駅や飲食店でのBGMは「文化都市」づくりにとっては欠かすことができない。

4　日本はまだまだ周辺の環境まで考えた「文化都市」づくりができるにはほど遠い。

問題12　次のＡとＢの文章を読んで、後の問いに対する答えとして最もよいものを、1・2・3・4から一つ選びなさい。

Ａ

　長時間パソコンを使用したり、ゲーム機を操作したり、目を酷使する場面が続くと急激な視力低下につながる。近くのものを見続けていると、脳が勘違いをして「近くを見やすい目にしてあげよう」と目の構造を作り変えてしまうからだ。暗い場所で勉強をしたり、本を読んだりすることも視力低下の原因になる。生活習慣のほかにも、目の病気が原因で視力が急激に低下することがある。たとえば「急性緑内障発作」だ。突然眼圧が上昇する病気で、すぐに処置をしないと失明してしまう可能性がある怖い病気だ。症状は視力の低下以外に、頭痛、吐き気、充血、眼痛などが現れる。急激な視力低下をほうっておくと失明するリスクもあるため、早く眼科で受診してください。

B

　40歳を過ぎる頃から、目の水晶体は徐々に硬くなり、柔軟性が失われていく。この状態が、多くの人が加齢とともに経験する老眼である。一方、最近では、30代以下の若い人や子どもの中にも、「スマホを長時間見た後に遠くを見るとぼやけて見える」といった老眼に似た症状に悩む人が増えている。これは、「スマホ老眼」である。「スマホ老眼」では、スマホやパソコンなどの画面を近距離で長時間見続けることで目の筋肉が凝り固まり、ピント調節がうまくできなくなるために起こる。原因によって対処法が異なるため、まずは視力が低下した原因と目の状態を把握することが大切だ。視力が落ちた場合は、メガネやコンタクトレンズを使って視力を矯正する必要がある。遠近両用のコンタクトレンズもあるので、眼科で検査を受けた上で自分の目に合ったものを処方してもらおう。

69 視力低下の原因について、AとBが共通していることは何か。

1　メガネやコンタクトレンズを使っていないから

2　暗い場所で勉強したり、読書したりするから

3　生活習慣が悪くて、目を使いすぎているから

4　脳が勘違いをして目の構造を作り変えるから

70 AとBは、視力が落ちたら、まずどうしたらいいと述べているか。

1　眼圧を抑える薬を飲んだほうがいい。

2　眼科に行って、検査を受けたほうがいい。

3　スマホやパソコンなどを処分したほうがいい。

4　遠近両用のコンタクトレンズを使ったほうがいい。

問題13　次の文章を読んで、後の問いに対する答えとして最もよいものを、1・2・3・4から一つ選びなさい。

　現代社会は情報社会ともいわれるように、情報の氾濫状態を生み出している。しかしわれわれはそうした情報をすべて受け入れ、すべてを消化しているわけではない。われわれが受け入れている情報はそのほんの一部であり、大部分の情報は無駄に流れていってしまっている。

　そうすると、情報の洪水の中から、われわれは何らかの選択をして、ある一部の情報しか取り入れていないということになる。ではその情報の選択はどのようにして行われるのだろうか。ここで参考になるのが、社会心理学という選択的接触である。

選択的接触というのは、自分に都合がいい情報、あるいは少なくとも自分に不都合を
きたさない情報のみを選択して、われわれはそれに接触し、それを受け入れる傾向にあ
ることをいう。どうしてそういうことになるかといえば、自分の考えや立場と矛盾する
情報に接触することは、心理的に不快な状態をもたらすからである。

　たとえば、タバコのすきな人は、「タバコをのむと肺がんになる」という情報はうけい
れにくい、タバコはのみたいし、そうかといって、肺がんで死にたくもない。

　これは一種の心理的矛盾であり、葛藤を引き起こす。そうした心理的葛藤は何とかし
て解消させたいという気持ちが働く。そこでいろいろないいわけがなされるのである。
まず①その第一は、「タバコをのむと肺がんになる」という情報は、まだ十分に証明され
たものではない、といって情報の信憑性を否定するのである。そうすれば、情報を吸い
続けても、心理的葛藤に悩むことはない。

　第二には、タバコをやめても結局は身体がふとってきてしまって、健康によくないの
は同じである。②どっちもどっちであるならば、タバコを吸い続けてもいいだろう、と
いういいわけをする。また第三には、タバコをのんで肺がんになって死ぬ人の数よりも
交通事故で死ぬ人の数の方が多いのではないか、と喫煙とは（　　③　　）情報をもって
きて、喫煙の害を中和しようとする。そのほかにも、いろいろといいわけの論理が工夫
されていくが、いずれにしても、それらは心理的な葛藤に耐えられず、それから逃れよ
うとする努力なのである。

71　①「その第一」とあるが、それは何を指しているか。

1　いろいろないいわけ

2　心理的葛藤

3　心理的矛盾

4　何とか解決して解消させたいという気持ち

72　②「どっちもどっちである」とあるが、ここではどんな意味か。

1　たばこを吸っても吸わなくても、どちらも健康にはあまり関係ない。

2　たばこを吸っても吸わなくても、どちらも心理的葛藤から逃れられない。

3　たばこを吸っても吸わなくても、どちらも死から逃れられない。

4　たばこを吸っても吸わなくても、どちらも体に悪い。

73　（　　③　　）の中には、どんな言葉を入れたらよいか。

1　少ししか関係のない　　　　　2　少し関係のある

3　全く関係ない　　　　　　　　4　大いに関係ある

問題14　次は、「奨学金募集要項」である。下の問いに対する答えとして、最もよいもの
　　　　を1・2・3・4から一つ選びなさい。

74　次の4人は、奨学金に応募したいと考えている。この中で、応募できるのは誰か。

名前	国籍	大学・専門	備考
ゴーさん	ベトナム	東京A大学・経営学	大学3年生
レイモンさん	ブラジル	ブラジルD大学・健康栄養学	今年4月に大阪のE大学院に入学する予定
大川さん	日本	横浜B大学・保健福祉	大学2年生
リーさん	韓国	韓国C大学・食品科学	今年4月に東京の商社に就職する予定

1　ゴーさん

2　レイモンさん

3　大川さん

4　リーさん

75　以下の奨学金の募集要項の内容と合っているものはどれか。

1　日本の大学及び大学院に在籍している南米・アジア地域の留学生なら申請で
　　きる。

2　大学生が申請する場合、研究計画書を書かなければならない。

3　奨学金は大学側を通して、二ヶ月ごとに本人に渡さなければならない。

4　新たに入学する予定の場合は学業成績証明書の代わりに合格通知書または入
　　学許可書を提出すればいい。

1.応募資格：下記に該当する者。

①アジア、南米地域を中心とした国の国籍を有し、「食・栄養・保健」分野の学業並びに研究のために来日している留学生。

②日本の大学又は大学院に在籍、もしくは在籍が確定しているもの。

2.2024年度新規採用予定人数6名

3.奨学金月額および支給期間・方法

　支給額：月額150,000円

　支給期間：原則として最大で2年間　2024年4月～2026年3月

　支給方法：2ヶ月ごとに、原則として本人の銀行口座に振込む。ただし、特別の事情があるときは、2ヶ月以上を合わせて交付することができる。

4.応募の手続き

　奨学金に応募する者(以下「応募者」という)は、所定の様式による願書を、在籍する大学を通じて、本奨学会理事長(以下「理事長」という)に提出するものとする。

5.応募書類

　1)願書(所定の用紙による。写真を所定の場所に貼付のこと。)

　2)応募者が大学生の場合は在学する大学長の推薦書(所定の用紙による)、応募者が大学院生の場合

　　・「現在までの研究状況および今後の研究計画」(所定の用紙)

　　・在籍する研究科の長、または指導教官(教授または准教授)の推薦状(様式は問わない)

　3)直近の学業成績証明書

　　(現課程のものが入手不可能な場合は前課程のもの。新たに入学予定の場合は、合格通知書または入学許可書で可。)

　4)在学証明書

　5)パスポートのコピー(本人写真、署名欄)

6.締め切り：2024年5月22日(水)必着

7.合格通知

　6月に大学を通して、本人に通知する。

模擬テスト

第 8 回

聴　解

（50分）

問題1では、まず質問を聞いてください。それから話を聞いて、問題用紙の1から4の中から、最もよいものを一つ選んでください。

1番
1　田中さんに早く原稿を持ってくるように電話する
2　田中さんが来るまで待つ
3　ページをつける
4　目次を作る

2番
1　醤油→肉→砂糖→塩
2　砂糖→醤油→肉→塩
3　砂糖→肉→醤油→塩
4　醤油→砂糖→肉→塩

3番
1　吉田さんの家に電話する
2　吉田さんに手紙を書く
3　吉田さんの家へ行く
4　知り合いの喫茶店に行く

4番

A

B

C

D

1　A →B → C →D

2　B →A → C →D

3　B →A →D → C

4　A →B →D → C

5番

1　デートに行く

2　部長と飲みに行く

3　後輩の結婚式の司会に行く

4　結婚式の司会のことで後輩と相談しに行く

問題2

　問題2では、まず質問を聞いてください。そのあと、問題用紙のせんたくしを読んでください。読む時間があります。それから話を聞いて、問題用紙の1から4の中から、最もよいものを一つ選んでください。

1番

1　自分の専門が生かせないから

2　地方への出張が多いから

3　社内けんしゅうが少ないから

4　職場のふんいきがよくないから

2番

1　野菜と果物の種類を変えたほうがいい

2　食材の組み合わせを変えたほうがいい

3　メニューを豊富にしたほうがいい

4　値段を少し安くしたほうがいい

3番

1　すぐ着られなくなるから

2　すぐ汚れるから

3　よく破ったりするから

4　いつもどこかに忘れてくるから

4番

1　洋室のほうが楽だから

2　畳のにおいが嫌だから

3　和室に馴染めないから

4　男の人の寝転がる姿が嫌だから

5番

1 電話のほうが用が速く済むから

2 面倒くさいから

3 間違いメールを送るのが怖いから

4 あまり深く考える必要がないから

6番

1 資料の作成を忘れたから

2 資料の締切日を確認していなかったから

3 資料の締め切りに間に合わなかったから

4 部長に謝らなかったから

問題3

問題3では、問題用紙に何もいんさつされていません。この問題は、全体としてどんな内容かを聞く問題です。話の前に質問はありません。まず話を聞いてください。それから、質問とせんたくしを聞いて、1から4の中から、最もよいものを一つ選んでください。

―メモ―

問題4

問題4では、問題用紙に何もいんさつされていません。まず文を聞いてください。それから、それに対する返事を聞いて、1から3の中から、最もよいものを一つ選んでください。

―メモ―

問題5

問題5では、長めの話を聞きます。この問題には練習はありません。
問題用紙にメモをとってもかまいません。

1番、2番

問題用紙に何もいんさつされていません。まず話を聞いてください。それから、質問とせんたくしを聞いて、1から4の中から、最もよいものを一つ選んでください。

――メモ――

3番

まず話を聞いてください。それから、二つの質問を聞いて、それぞれ問題用紙の1から4の中から、最もよいものを一つ選んでください。

質問1

1　みどり山
2　さくら山
3　高山
4　北山

質問2

1　みどり山
2　さくら山
3　高山
4　北山

正　答　表

模擬テスト第1回

言語知識（文字・語彙）

問題1	1	2	3	4	5		
	3	4	1	2	2		
問題2	6	7	8	9	10		
	3	1	3	4	4		
問題3	11	12	13	14	15		
	2	1	3	1	3		
問題4	16	17	18	19	20	21	22
	2	1	2	3	2	1	3
問題5	23	24	25	26	27		
	4	2	4	1	4		
問題6	28	29	30	31	32		
	1	3	2	1	1		

言語知識（文法）

問題7	33	34	35	36	37	38
	2	4	2	1	3	4
	39	40	41	42	43	44
	1	4	2	1	4	4
問題8	45	46	47	48	49	
	1	3	3	4	2	
問題9	50	51	52	53	54	
	3	4	1	1	2	

読解

問題10	55	56	57	58	59
	1	2	4	3	3

問題11（1）	60	61	62
	1	2	3

問題11（2）	63	64	65
	3	4	2

問題11（3）	66	67	68
	4	2	3

問題12	69	70
	4	1

問題13	71	72	73
	3	2	4

問題14	74	75
	2	3

聴解

問題1	1	2	3	4	5	
	3	1	2	4	2	

問題2	1	2	3	4	5	6
	3	3	3	4	4	2

問題3	1	2	3	4	5	
	1	3	4	3	4	

問題4	1	2	3	4	5	6
	2	3	1	2	3	1
	7	8	9	10	11	12
	1	3	1	2	2	3

問題5	1	2	3	
	2	2	3	4

模擬テスト第2回

言語知識（文字・語彙）

問題1	**1**	**2**	**3**	**4**	**5**		
	4	1	2	4	3		
問題2	**6**	**7**	**8**	**9**	**10**		
	2	3	1	4	2		
問題3	**11**	**12**	**13**	**14**	**15**		
	2	2	3	1	3		
問題4	**16**	**17**	**18**	**19**	**20**	**21**	**22**
	2	4	1	3	2	1	3
問題5	**23**	**24**	**25**	**26**	**27**		
	3	1	1	2	2		
問題6	**28**	**29**	**30**	**31**	**32**		
	4	2	3	3	1		

言語知識（文法）

問題7	**33**	**34**	**35**	**36**	**37**	**38**
	1	3	2	1	3	4
	39	**40**	**41**	**42**	**43**	**44**
	2	1	2	3	1	3
問題8	**45**	**46**	**47**	**48**	**49**	
	3	1	2	1	3	
問題9	**50**	**51**	**52**	**53**	**54**	
	1	3	4	2	3	

読解

問題10	55	56	57	58	59
	3	2	2	3	2

問題11（1）	60	61	62
	2	1	3

問題11（2）	63	64	65
	3	2	4

問題11（3）	66	67	68
	2	4	2

問題12	69	70
	2	2

問題13	71	72	73
	3	1	3

問題14	74	75
	2	4

聴解

問題1	1	2	3	4	5	
	2	1	3	4	3	

問題2	1	2	3	4	5	6
	3	2	4	2	4	1

問題3	1	2	3	4	5	
	2	4	4	1	2	

問題4	1	2	3	4	5	6
	1	2	2	3	1	3
	7	8	9	10	11	12
	1	3	3	1	2	2

問題5	1	2	3	
	2	2	4	3

模擬テスト第3回

言語知識（文字・語彙）

問題1	1	2	3	4	5		
	2	3	1	4	3		
問題2	6	7	8	9	10		
	4	1	2	3	4		
問題3	11	12	13	14	15		
	4	3	2	2	2		
問題4	16	17	18	19	20	21	22
	1	2	4	2	1	3	3
問題5	23	24	25	26	27		
	2	2	3	4	3		
問題6	28	29	30	31	32		
	2	2	1	3	2		

言語知識（文法）

問題7	33	34	35	36	37	38
	4	1	2	1	3	4
	39	40	41	42	43	44
	2	1	3	2	2	4
問題8	45	46	47	48	49	
	4	2	3	1	4	
問題9	50	51	52	53	54	
	2	1	3	4	2	

N2全真模擬試題

読解

問題10	**55**	**56**	**57**	**58**	**59**
	2	1	3	2	3

問題11（1）	**60**	**61**	**62**
	2	1	4

問題11（2）	**63**	**64**	**65**
	3	4	3

問題11（3）	**66**	**67**	**68**
	3	4	1

問題12	**69**	**70**
	2	4

問題13	**71**	**72**	**73**
	3	4	1

問題14	**74**	**75**
	2	3

聴解

問題1	**1**	**2**	**3**	**4**	**5**	
	3	1	3	1	3	

問題2	**1**	**2**	**3**	**4**	**5**	**6**
	2	4	3	1	3	3

問題3	**1**	**2**	**3**	**4**	**5**	
	1	2	3	2	2	

問題4	**1**	**2**	**3**	**4**	**5**	**6**
	2	3	2	1	1	3
	7	**8**	**9**	**10**	**11**	**12**
	1	2	3	2	1	3

問題5	**1**	**2**	
	4	4	3

正答表

模擬テスト第4回

言語知識（文字・語彙）

問題1	1	2	3	4	5		
	3	2	4	2	1		
問題2	6	7	8	9	10		
	2	4	1	4	3		
問題3	11	12	13	14	15		
	3	1	2	4	3		
問題4	16	17	18	19	20	21	22
	2	1	3	2	4	3	1
問題5	23	24	25	26	27		
	2	1	3	3	1		
問題6	28	29	30	31	32		
	1	2	2	1	3		

言語知識（文法）

問題7	33	34	35	36	37	38
	3	1	2	4	1	2
	39	40	41	42	43	44
	2	1	4	1	3	2
問題8	45	46	47	48	49	
	4	1	4	4	3	
問題9	50	51	52	53	54	
	2	2	1	4	3	

読解

問題10	55	56	57	58	59
	1	2	2	3	2

問題11（1）	60	61	62
	4	1	2

問題11（2）	63	64	65
	4	2	1

問題11（3）	66	67	68
	1	4	2

問題12	69	70
	1	3

問題13	71	72	73
	1	3	4

問題14	74	75
	2	3

聴解

問題1	1	2	3	4	5	
	3	3	3	2	1	

問題2	1	2	3	4	5	6
	3	1	3	2	2	3

問題3	1	2	3	4	5	
	3	4	4	4	1	

問題4	1	2	3	4	5	6
	3	2	3	1	3	2
	7	8	9	10	11	12
	3	1	1	2	2	3

問題5	1	2	3	
	3	2	3	2

正答表

言語知識（文字・語彙）

問題1	**1**	**2**	**3**	**4**	**5**		
	1	4	2	3	2		
問題2	**6**	**7**	**8**	**9**	**10**		
	1	2	1	2	3		
問題3	**11**	**12**	**13**	**14**	**15**		
	1	2	3	4	1		
問題4	**16**	**17**	**18**	**19**	**20**	**21**	**22**
	4	1	2	3	2	1	4
問題5	**23**	**24**	**25**	**26**	**27**		
	1	1	2	1	3		
問題6	**28**	**29**	**30**	**31**	**32**		
	1	3	2	4	2		

言語知識（文法）

問題7	**33**	**34**	**35**	**36**	**37**	**38**
	3	1	3	2	1	4
	39	**40**	**41**	**42**	**43**	**44**
	2	3	1	4	3	2
問題8	**45**	**46**	**47**	**48**	**49**	
	1	1	4	3	4	
問題9	**50**	**51**	**52**	**53**	**54**	
	2	3	1	4	3	

読解

問題10	55	56	57	58	59
	1	2	1	4	2

問題11（1）	60	61	62
	3	1	4

問題11（2）	63	64	65
	4	1	2

問題11（3）	66	67	68
	4	3	1

問題12	69	70
	2	1

問題13	71	72	73
	3	2	1

問題14	74	75
	4	2

聴解

問題1	1	2	3	4	5	
	1	2	3	4	2	

問題2	1	2	3	4	5	6
	3	2	1	3	3	2

問題3	1	2	3	4	5	
	3	3	2	3	3	

問題4	1	2	3	4	5	6
	2	3	2	3	2	1
	7	8	9	10	11	12
	3	2	3	2	1	2

問題5	1	2	3	
	3	2	2	4

正答表

模擬テスト第6回

言語知識（文字・語彙）

問題1	1	2	3	4	5		
	2	1	4	3	2		
問題2	6	7	8	9	10		
	3	4	1	4	2		
問題3	11	12	13	14	15		
	2	1	3	2	4		
問題4	16	17	18	19	20	21	22
	1	3	2	4	1	3	2
問題5	23	24	25	26	27		
	3	1	2	4	3		
問題6	28	29	30	31	32		
	2	3	1	4	2		

言語知識（文法）

問題7	33	34	35	36	37	38
	2	3	1	4	2	2
	39	40	41	42	43	44
	1	3	3	4	1	2
問題8	45	46	47	48	49	
	1	2	4	1	3	
問題9	50	51	52	53	54	
	3	2	1	4	3	

読解

問題10	55	56	57	58	59
	3	2	2	3	4

問題11（1）	60	61	62
	2	1	3

問題11（2）	63	64	65
	4	2	3

問題11（3）	66	67	68
	2	3	4

問題12	69	70
	2	3

問題13	71	72	73
	4	2	1

問題14	74	75
	1	4

聴解

問題1	1	2	3	4	5	
	4	2	3	3	3	

問題2	1	2	3	4	5	6
	2	4	4	4	3	4

問題3	1	2	3	4	5	
	4	1	4	2	3	

問題4	1	2	3	4	5	6
	2	1	3	1	3	2
	7	8	9	10	11	12
	3	1	2	3	1	2

問題5	1	2	3	
	2	4	3	4

模擬テスト第7回

言語知識（文字・語彙）

問題1	**1**	**2**	**3**	**4**	**5**		
	3	1	2	3	4		
問題2	**6**	**7**	**8**	**9**	**10**		
	2	3	3	1	4		
問題3	**11**	**12**	**13**	**14**	**15**		
	3	2	2	4	2		
問題4	**16**	**17**	**18**	**19**	**20**	**21**	**22**
	1	3	2	4	2	4	3
問題5	**23**	**24**	**25**	**26**	**27**		
	2	1	3	1	4		
問題6	**28**	**29**	**30**	**31**	**32**		
	2	4	3	4	1		

言語知識（文法）

問題7	**33**	**34**	**35**	**36**	**37**	**38**
	3	1	2	4	1	3
	39	**40**	**41**	**42**	**43**	**44**
	2	1	3	4	1	4
問題8	**45**	**46**	**47**	**48**	**49**	
	3	2	1	2	1	
問題9	**50**	**51**	**52**	**53**	**54**	
	3	2	1	3	3	

読解

問題10	55	56	57	58	59
	2	2	4	2	1

問題11（1）	60	61	62
	1	4	2

問題11（2）	63	64	65
	2	2	4

問題11（3）	66	67	68
	4	3	1

問題12	69	70
	2	4

問題13	71	72	73
	1	3	2

問題14	74	75
	3	4

聴解

問題1	1	2	3	4	5	
	3	2	3	1	2	

問題2	1	2	3	4	5	6
	3	4	2	3	4	2

問題3	1	2	3	4	5	
	4	2	3	2	3	

問題4	1	2	3	4	5	6
	1	2	3	2	3	1
	7	8	9	10	11	12
	2	3	3	1	3	2

問題5	1	2	
	2	2	2

模擬テスト第8回

言語知識（文字・語彙）

問題1	**1**	**2**	**3**	**4**	**5**		
	3	2	4	1	2		
問題2	**6**	**7**	**8**	**9**	**10**		
	2	3	1	4	2		
問題3	**11**	**12**	**13**	**14**	**15**		
	1	3	2	3	4		
問題4	**16**	**17**	**18**	**19**	**20**	**21**	**22**
	2	3	1	1	4	3	2
問題5	**23**	**24**	**25**	**26**	**27**		
	3	1	2	3	4		
問題6	**28**	**29**	**30**	**31**	**32**		
	2	3	1	4	1		

言語知識（文法）

問題7	**33**	**34**	**35**	**36**	**37**	**38**
	3	1	2	4	2	1
	39	**40**	**41**	**42**	**43**	**44**
	3	4	3	2	4	3
問題8	**45**	**46**	**47**	**48**	**49**	
	1	4	1	2	4	
問題9	**50**	**51**	**52**	**53**	**54**	
	3	1	2	4	2	

読解

問題10	55	56	57	58	59
	2	2	1	2	2

問題11（1）	60	61	62
	1	3	2

問題11（2）	63	64	65
	3	2	4

問題11（3）	66	67	68
	4	2	4

問題12	69	70
	3	2

問題13	71	72	73
	1	4	3

問題14	74	75
	2	4

聴解

問題1	1	2	3	4	5
	2	4	2	3	4

問題2	1	2	3	4	5	6
	2	3	1	4	3	2

問題3	1	2	3	4	5
	4	3	4	1	3

問題4	1	2	3	4	5	6
	2	1	2	1	3	3
	7	8	9	10	11	12
	2	1	3	2	1	3

問題5	1	2	3	
	2	3	1	3